3250 ACORDES PARA VIOLÃO

Fernando Azevedo

Nº Cat.: BQ177

Irmãos Vitale Editores Ltda.
vitale.com.br
Rua Raposo Tavares, 85 São Paulo SP
CEP: 04704-110 editora@vitale.com.br Tel.: 11 5081-9499

© Copyright 2013 by Irmãos Vitale Editores Ltda. - São Paulo - Rio de Janeiro - Brasil.
Todos os direitos autorais reservados para todos os países. *All rights reserved.*

CIP-BRASIL. CATALOGAÇÃO NA FONTE
SINDICATO NACIONAL DOS EDITORES DE LIVROS - RJ.

A988t

Azevedo, Uriel Fernando, 1933-1999.
  3250 acordes para violão / Fernando Azevedo. - 1. ed. - São Paulo : Irmãos Vitale, 2013.
  112 p. : il. ; 20cm

  ISBN 978-85-7407-392-7

  1. Violão - Métodos. I. Título. II. Título: Três mil duzentos e cinquenta acordes para violão.

13-00155

CDD: 787.3
CDU: 780.614.333

15/04/2013   15/04/2013

Prof. Fernando Azevedo

Neste gênero, este é o primeiro método de violão editado no Brasil. Na Europa e Estados Unidos, já existem trabalhos semelhantes, porém no Brasil, realmente, faltava este tipo de publicação à nossa literatura musical em favor de um estudo prático de violão.

Ninguém tenha a veleidade de pretender decorar todos os acordes aqui feitos. Eles servem de treinamento, não só técnico, como também dos recursos que um instrumento belo como o violão pode oferecer.

Cada acorde apresentado neste trabalho poderá ser executado de doze maneiras diferentes. Assim, abriremos um novo campo ao estudante, onde ele encontrará um encadeamento capaz de produzir um colorido multiforme que muito enriquecerá o acompanhamento.

Assim, as possibilidades crescerão, dependendo evidentemente do bom gosto e da inventiva musical de cada um.

Este método não deve ser estudado isoladamente. É importante que o aluno, antes de começar, já tenha aqueles conhecimentos básicos adquiridos nos métodos Fernando Azevedo, "Método de Violão", "Segredo do Acompanhamento" e "Segredo do Braço do Violão".

Fernando Azevedo(☆1933✝1999)
Agosto 1961

O Prof. Fernando Azevedo faleceu no Rio de Janeiro em Fevereiro de 1999.

Introdução

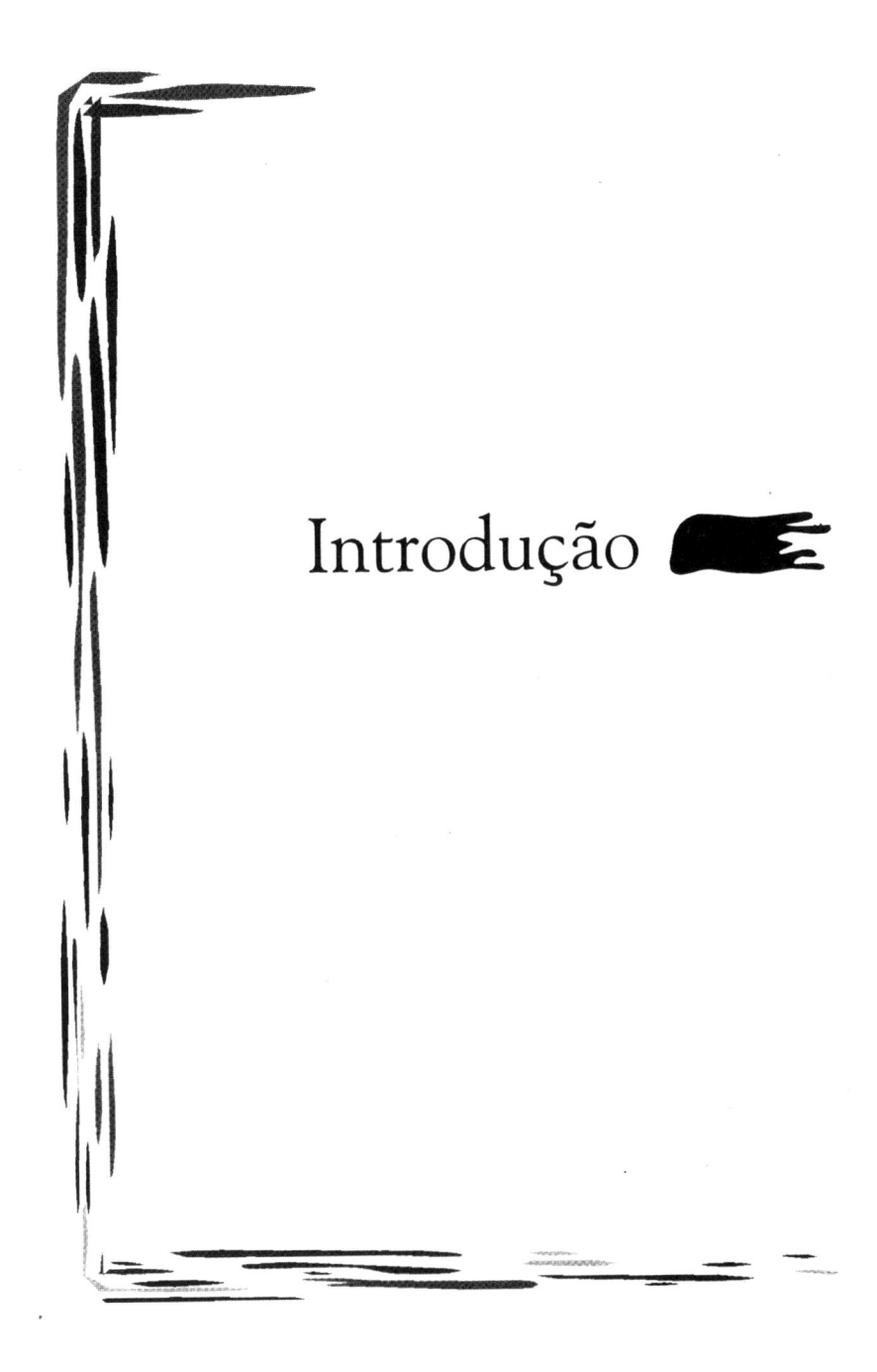

Introduction

Representação Gráfica

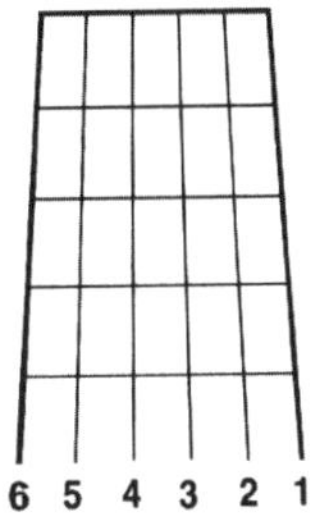

A gravura ao lado representa o braço do violão.
Os traços verticais são as cordas e os horizontais os trastos.
Os traços verticais numerados de 1 a 6 representam as cordas do violão.
O traço vertical que aparece na gravura com o número 1 representa a 1ª corda que é a mais fina de todas (corda Mi). Com o número 2 a segunda corda (Si). Com o número 3 a terceira corda (Sol). Com o número 4 a quarta corda (Ré). Com o número 5 a quinta corda (Lá) e com o número 6 a sexta corda (Mi).

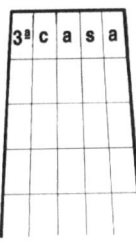

Quando aparecem as indicações 2ª casa, 3ª casa, 4ª casa, etc..., é sinal de que a posição deve ser feita a partir da 2ª, 3ª, 4ª, etc..., casas do braço do violão, conforme a indicação.

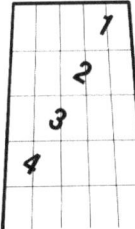

Os números que aparecem no gráfico representam os dedos da mão esquerda que se contam a partir do indicador (dedo 1). O médio é o dedo 2, o anular é o dedo 3 e o mínimo o dedo 4. O dedo polegar não é contado desde que sua função é apenas de apoio atrás do braço do violão. Ele não aperta nenhuma corda.

O **x** que se vê no gráfico ao lado determina que a corda sobre a qual está colocado não pode ser tocada. A bolinha preta ● indica que aquela corda sobre a qual está colocada é o baixo obrigatório do acorde indicado. (Neste caso o acorde está no estado fundamental e a bolinha preta indica que aquela nota é a que dá nome ao acorde). A bolinha branca ○ indica que a corda sobre a qual está colocada é o baixo de revezamento. (O acorde está invertido). (Vide Método de Violão Fernando Azevedo)

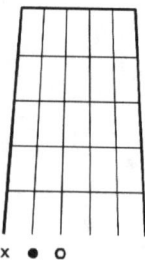

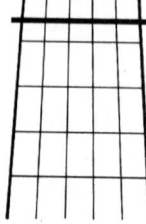

A barra mais grossa que se vê na gravura indica pestana. Pestana indica que o dedo indicador (dedo 1) está sobre todas as cordas.
(Vide Método de Violão Fernando Azevedo)

Quando um mesmo dedo aparece na mesma casa, mas em cordas diferentes (seguidas), devemos apertá-lo de tal maneira que ele prenda as cordas nas quais está indicado, ao mesmo tempo.

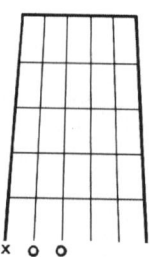

Muitos acordes aparecerão com duas bolinhas brancas, indicando que aquele acorde tem dois baixos de revezamento, ficando à escolha do estudante usar um ou outro, segundo seu gosto.

Acorde
(ligeiras noções)

Chama-se acorde a simultaneidade de sons, isto é, vários sons emitidos ao mesmo tempo, guardando entre si uma certa relação, tornando-os, desta forma, agradáveis ao ouvido.

Sobre cada nota musical, podemos formar um ou mais acordes. Quando ciframos um acorde, o fazemos baseados na nota sobre a qual ele é formado.

O acorde C (Dó Maior) é formado sobre a nota dó: Dó Mi Sol. Essas três notas formam o acorde de Dó Maior.

Dizemos que o acorde está no estado fundamental, quando a nota que lhe dá nome é a mais grave. Ex.: Dó Mi Sol ou Dó Sol Mi. Além do estado fundamental, o acorde pode aparecer invertido. Neste caso, a nota que dá nome ao acorde não é a mais grave. Ex.: Mi Sol Dó - Mi Dó Sol - Sol Dó Mi - Sol Mi Dó.

Vemos, pelos exemplos dados, que podemos fazer o acorde de Dó Maior (C) de seis maneiras diferentes, sendo que qualquer um deles poderá ser feito em várias regiões do braço do violão. Como exemplo, poderemos citar o acorde de dó maior, no estado fundamental, feito na primeira casa, na terceira e na oitava casa.

Apresentaremos cada acorde de doze maneiras diferentes, isto é, no estado fundamental, nas inversões e ainda em diferentes regiões do braço do violão.

Sons Homófonos

A escala musical apresenta notas que têm o mesmo som e nomes diferentes. Diz-se, comumente, que quando estas notas sobem (do grave para agudo) usam os sustenidos e ao descerem usam os bemóis.

	Dó♯		Ré♯				Fá♯		Sol♯		Lá♯	
Dó	<	>	Ré	<	> Mi-Fá	<	>	Sol	<	> Lá	<	> Si
	Ré♭		Mi♭				Sol♭		Lá♭		Si♭	

Do quadro acima podemos deduzir que:

Dó♯ e Ré♭ - Ré♯ e Mi♭ - Fá♯ e Sol♭ - Sol♯ e Lá♭ - Lá♯ e Si♭ são notas homófonas, isto é, têm o mesmo som, mas nomes diferentes.

É mais comum usarmos os bemóis para cifrarmos os acordes. Logo, em vez de Dó sustenido usaremos o Ré bemol e assim por diante. É bom que o estudante decore todas as notas homófonas pois, assim, se encontrar em alguma partitura qualquer acorde feito com sustenidos, saberá imediatamente qual o seu homófono.

Cifra

Este capítulo é estudado no Método de Violão Fernando Azevedo. Entretanto são apresentados, em métodos e partituras editadas aqui e no estrangeiro, formas diferentes de cifrar o mesmo acorde.

Vejamos quais as principais diferenças, respeitando as várias correntes, sem deixar também de assinalar as formas gritantemente erradas que, por estranho que possa parecer, têm sido usadas por músicos eméritos.

Acordes Maiores

São representados somente por letras maiúsculas. Dó Maior (C) muitas vezes encontramos um M (maiúsculo) após a cifra, mas desnecessário.

Acordes Menores

São representados pelo "m" minúsculo colocado após a letra correspondente ao acorde. Dó menor (Cm)

Acordes com 5ª Abaixada

Usa-se o sinal - depois do 5 ou um bemol depois do 5 (essa forma é muito usada nos métodos e partituras americanos). Dó com quinta abaixada: C5- ou C5♭

Acordes com 5ª Aumentada

São representados de duas formas. Dó com quinta aumentada: C+ ou C5+

Acordes com Sexta

Coloca-se um seis após a letra correspondente ao acorde.
Exemplo: Dó com sexta: C6

Acordes Menores com Sexta

Usa-se a letra maiúscula correspondente ao acorde, um "m" minúsculo e o número 6. Dó menor com sexta: Cm6

Acordes Maiores com Sétima (Sétima dominante)

Usa-se a letra correspondente ao acorde e, em seguida, o número 7. Dó Maior com sétima ou simplesmente, Dó sétima: C7

Acordes Menores com Sétima

Usa-se o "m" minúsculo e o número 7 após a letra correspondente ao acorde. Dó menor com sétima: Cm7

Acordes Maiores com Sétima Maior
A mesma cifra de acordes maiores com sétima e, em seguida, um "M" maiúsculo. Dó maior com sétima maior ou simplesmente, Dó com sétima Maior. C7M

a) Nas partituras americanas e européias é de largo uso cifrarmos esse acorde assim: C7M ou C7Maj e ainda, menos usado, C7♯.

b) Erroneamente alguns músicos brasileiros cifram este acorde da seguinte forma: C7+, entretanto o sinal + indica aumentado.

Acordes de Sétima Diminuta
As duas formas mais usadas são: Dó com sétima diminuta C7° - C7dim.

Acordes de Sétima com Quinta Abaixada
Usam-se duas formas: Dó com sétima e quinta abaixada: C7(5-) e C7(5♭)

Acordes de Sétima e Quinta Aumentada
Esses acordes são cifrados da seguinte maneira: Dó com sétima e quinta aumentada: C7(5+) - C7(5♯)

Acordes de Sétima e Quarta
Cifram-se da seguinte forma: Dó com sétima e quarta: C7(4)

Acordes de Nona Maior (Sétima e nona maior)
Geralmente aparece na cifra apenas o número 9, pois o 7 é subentendido. Dó com nona maior. C9 ou C7(9)

Acordes Menores com Nona
Cifram-se da seguinte maneira: Dó menor com nona: Cm9

Acordes Maiores com Nona Menor
Para esses acordes usa-se a seguinte cifra: Dó Maior com nona menor ou simplesmente, Dó com nona menor: C-9 ou C9♭

Acordes de Nona Aumentada
É a seguinte a cifra para estes acordes: Dó com nona aumentada: C9+ ou C9aum.

Acordes de Nona e Quinta Abaixada

Usam-se as seguintes cifras: Dó com nona e quinta abaixada: C9(5-) ou C9(5♭).

Acordes de Nona com Quinta Aumentada

São as seguintes as cifras usadas: Dó nona com quinta aumentada: C9(5+) ou C9(5♯).

Acordes de Nona com Sétima Maior

Usam-se as seguintes cifras: Dó nona com sétima Maior. C9(7M) ou C9(7Maj).

Acordes Maiores com Décima Primeira

Usa-se a seguinte cifra: Dó Maior com décima primeira: C11.

Acordes com Décima Primeira Aumentada

Usam-se as seguintes cifras: Dó Maior com décima primeira aumentada: C11+; C11aum.; C11.

Acordes Maiores com Décima Terceira

Cifram-se da seguinte maneira: Dó Maior com décima terceira: C13

Acordes com Décima Terceira e Nona Menor

Usam-se as seguintes cifras: Dó com décima terceira e nona menor. C13(9-); C13(9♭)

Usamos como exemplo somente os acordes feitos sobre a nota Dó. Com as demais notas irá ocorrer exatamente a mesma coisa. Basta substituir o Dó por outra nota qualquer e teremos a mesma nomenclatura. Por exemplo: Dó com nona (C9).
Substituindo-se o Dó pelo ré teremos: Ré com nona (D9); ou pelo Mi bemol: Mi bemol com nona (E♭9) e assim sucessivamente.

Dicionário

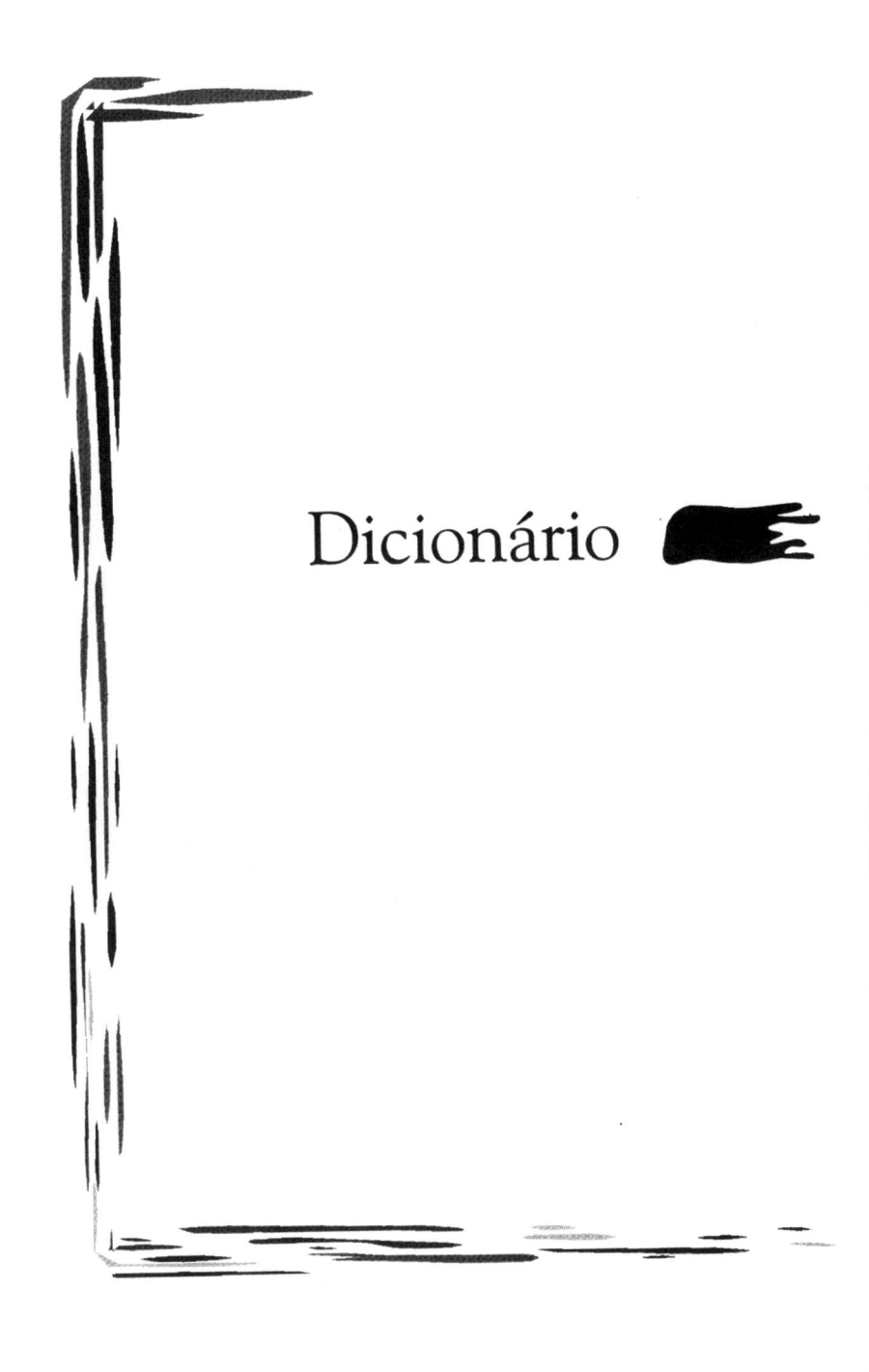

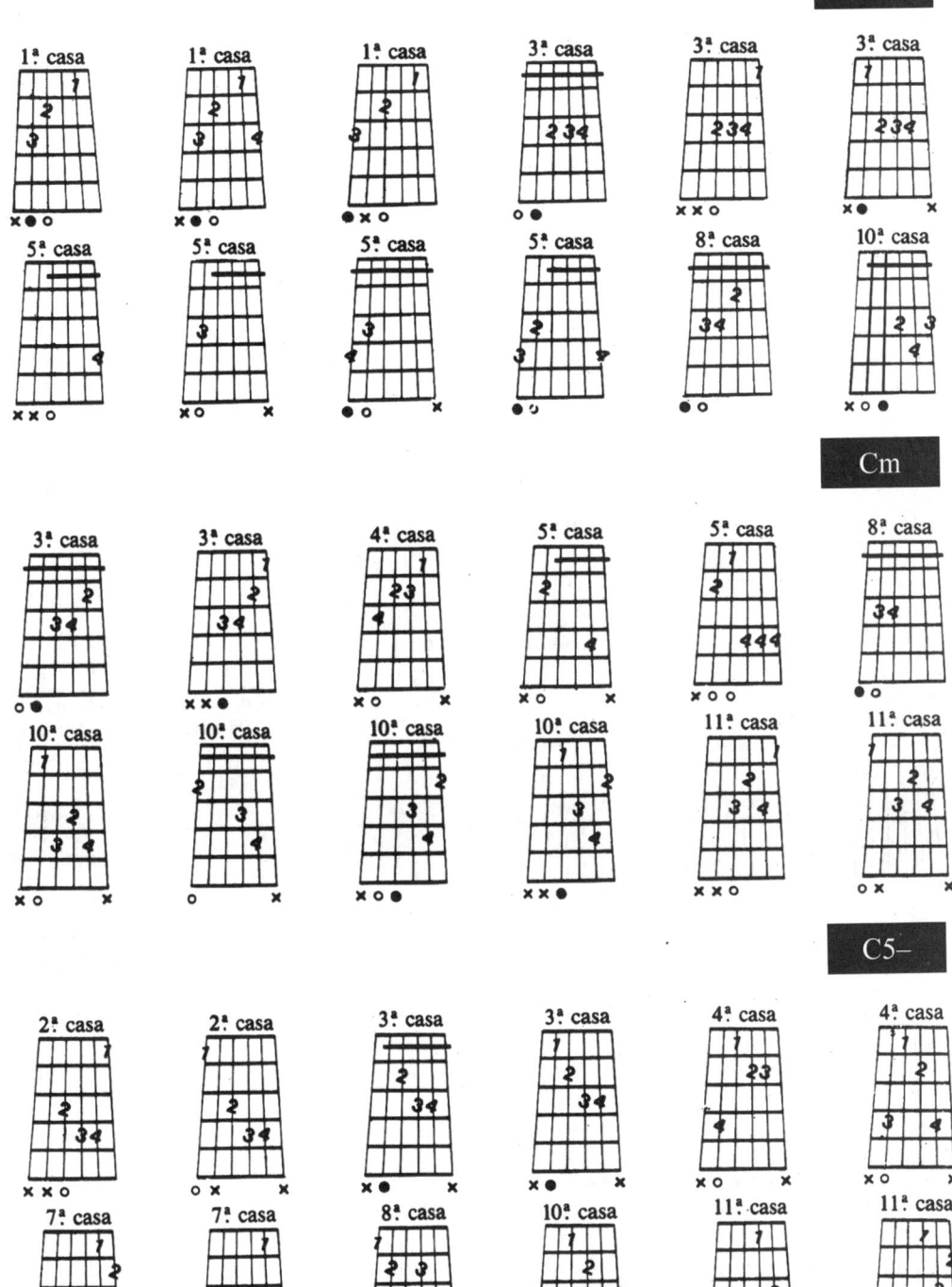

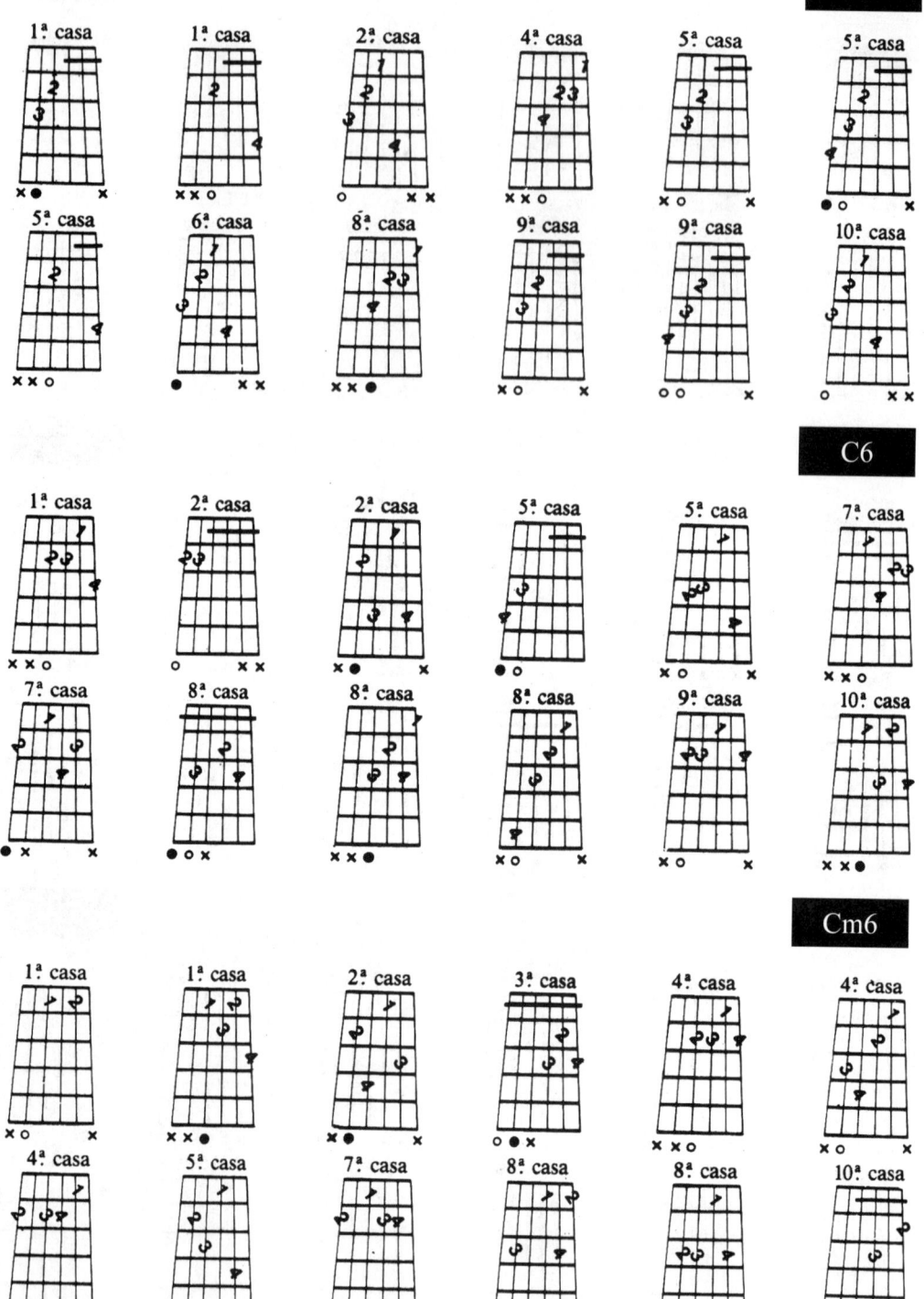

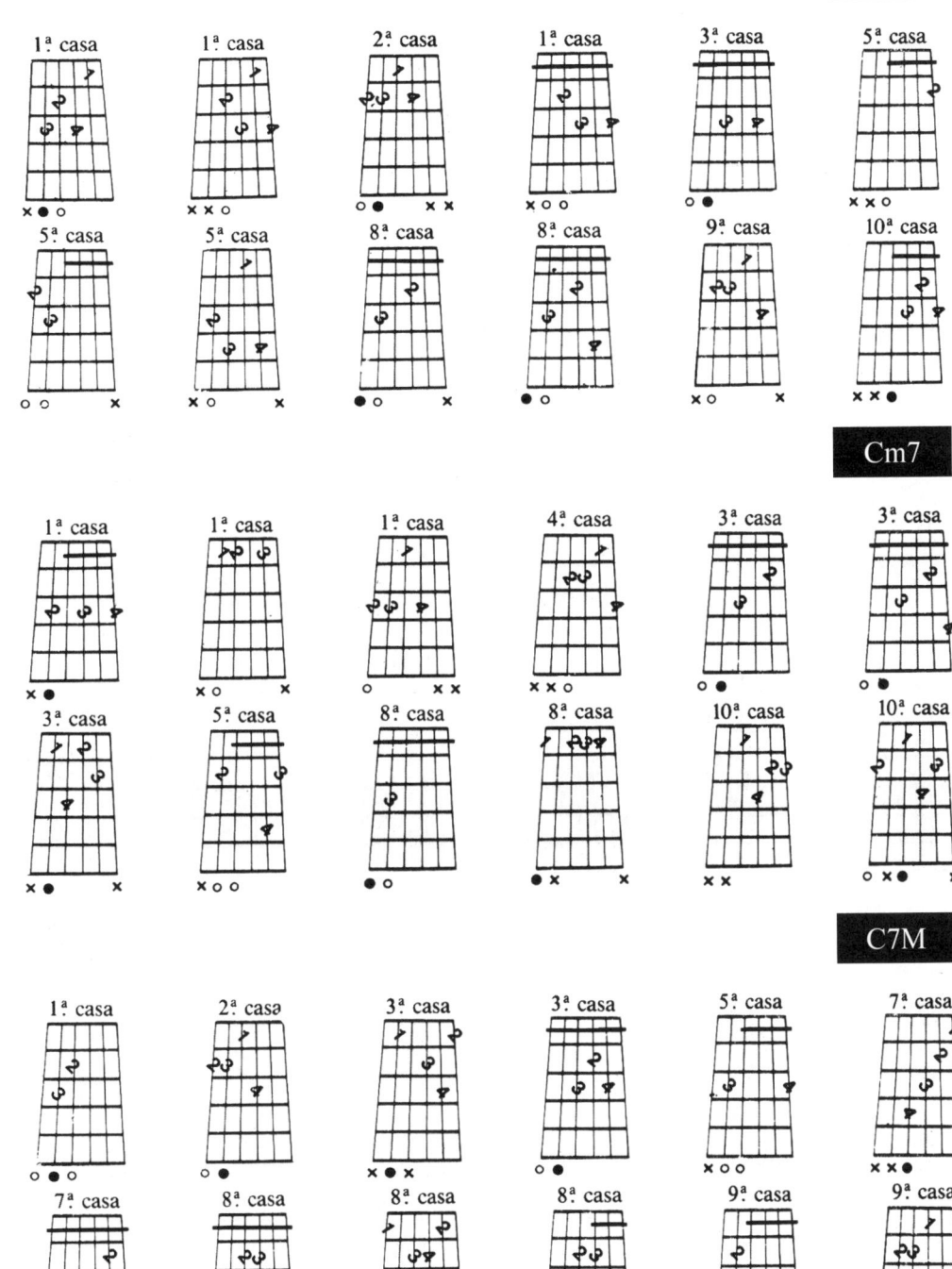

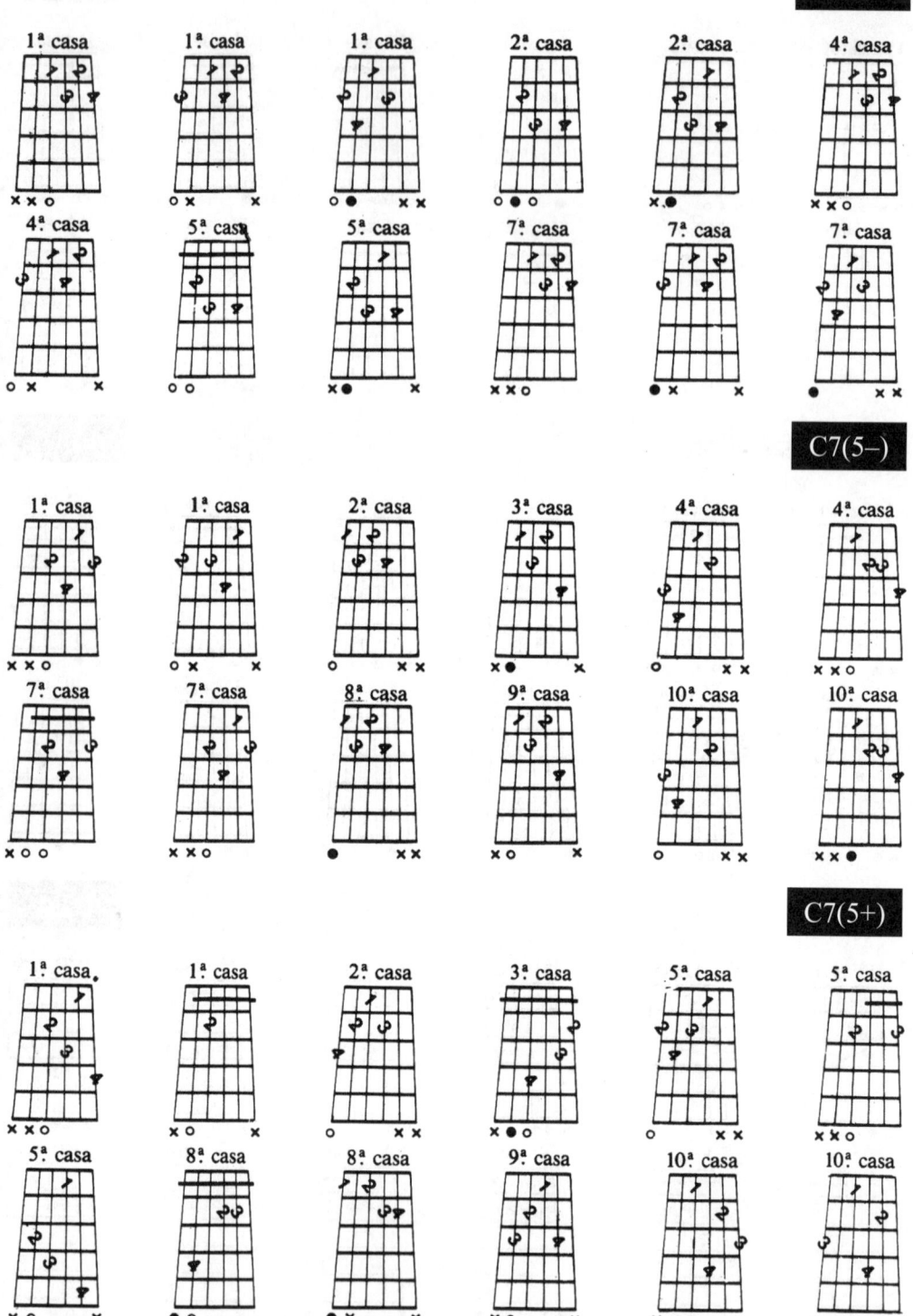

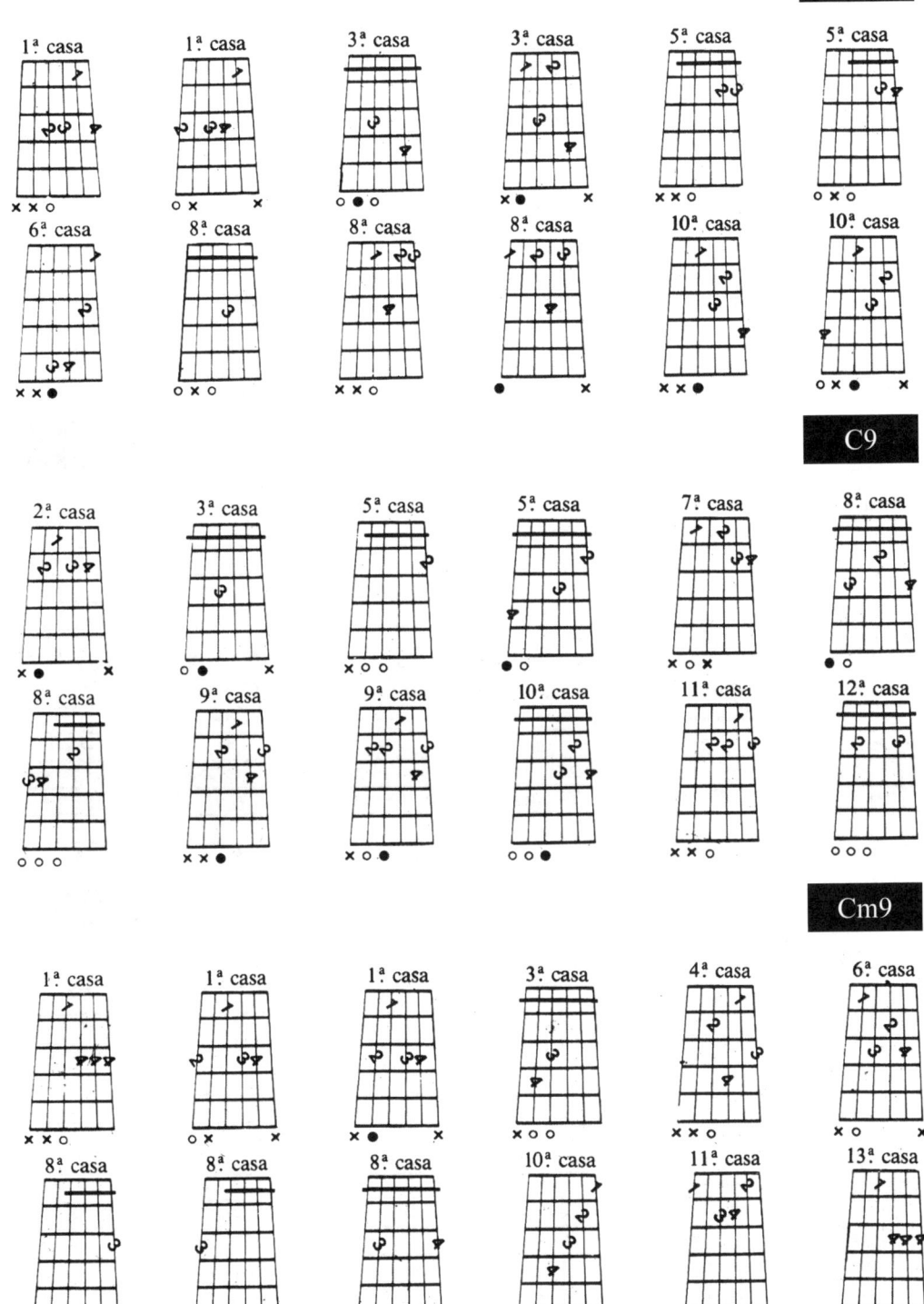

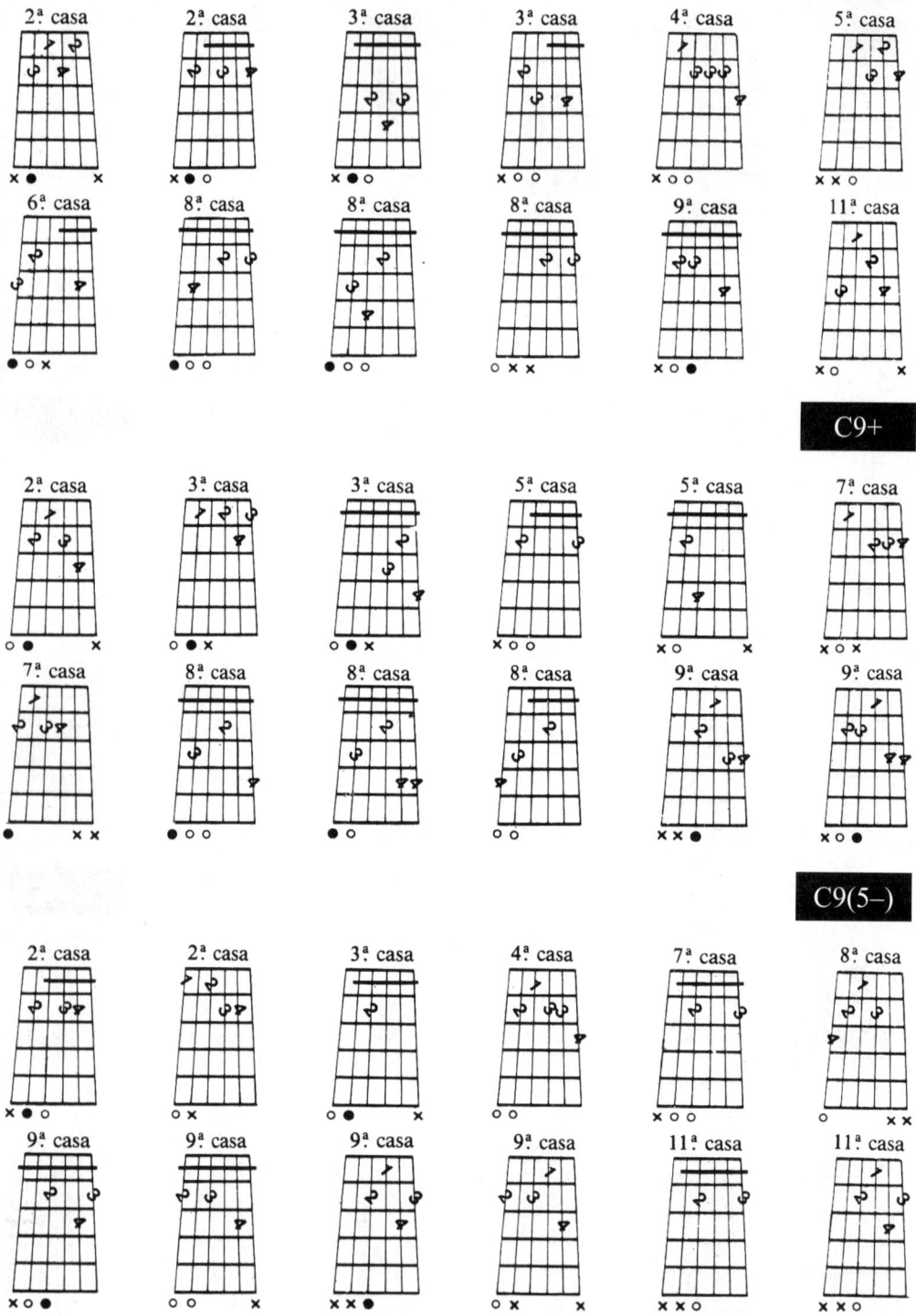

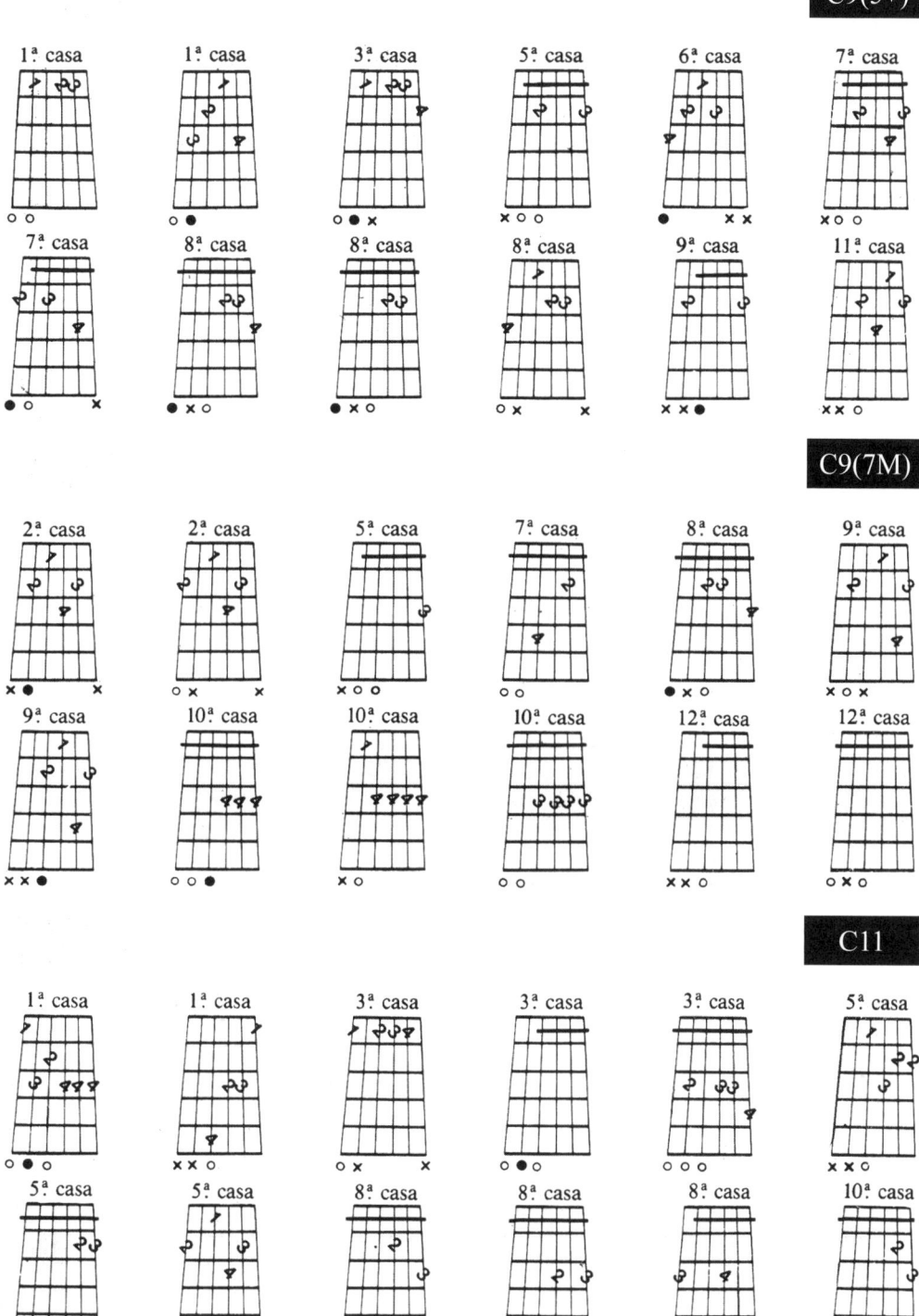

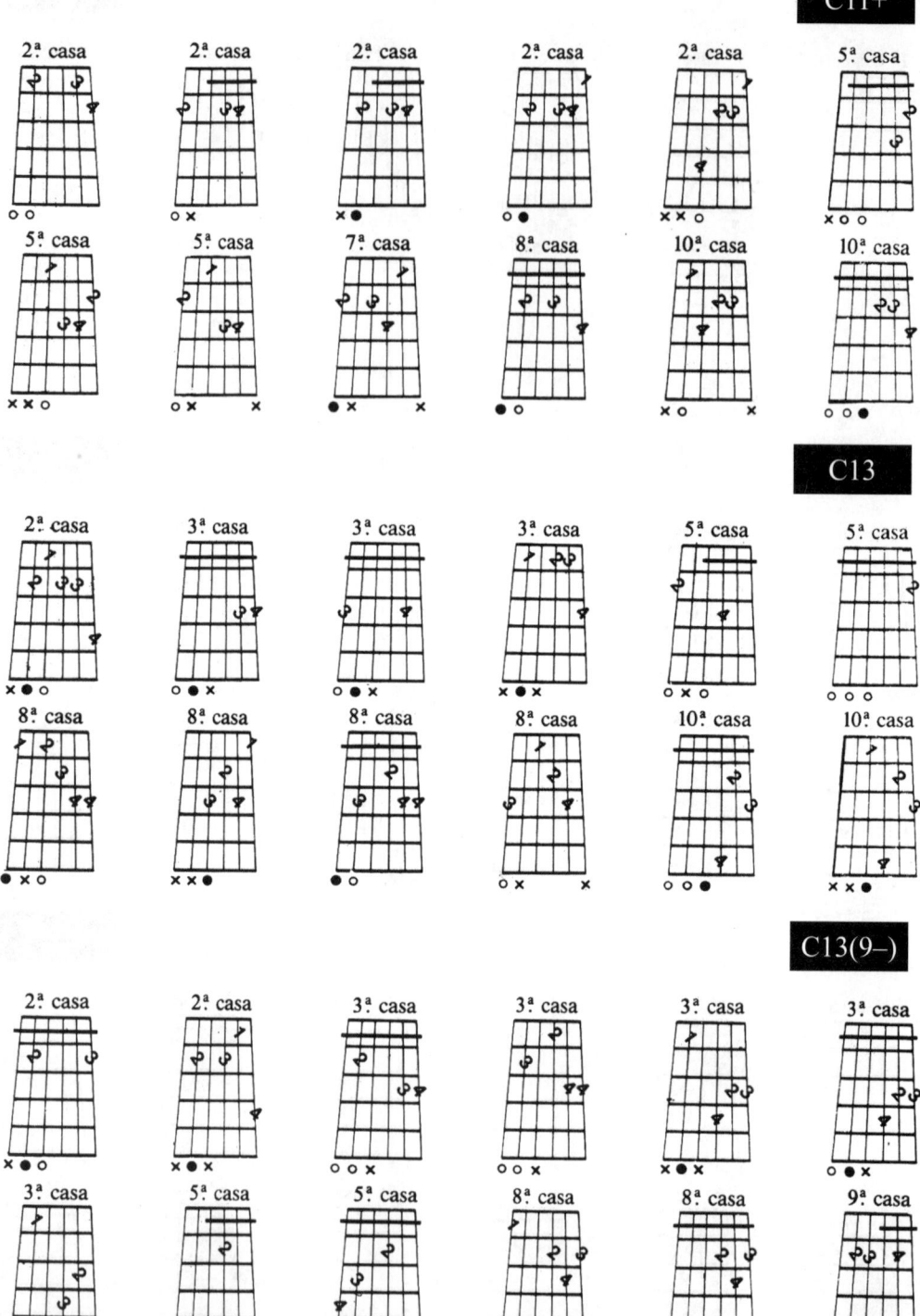

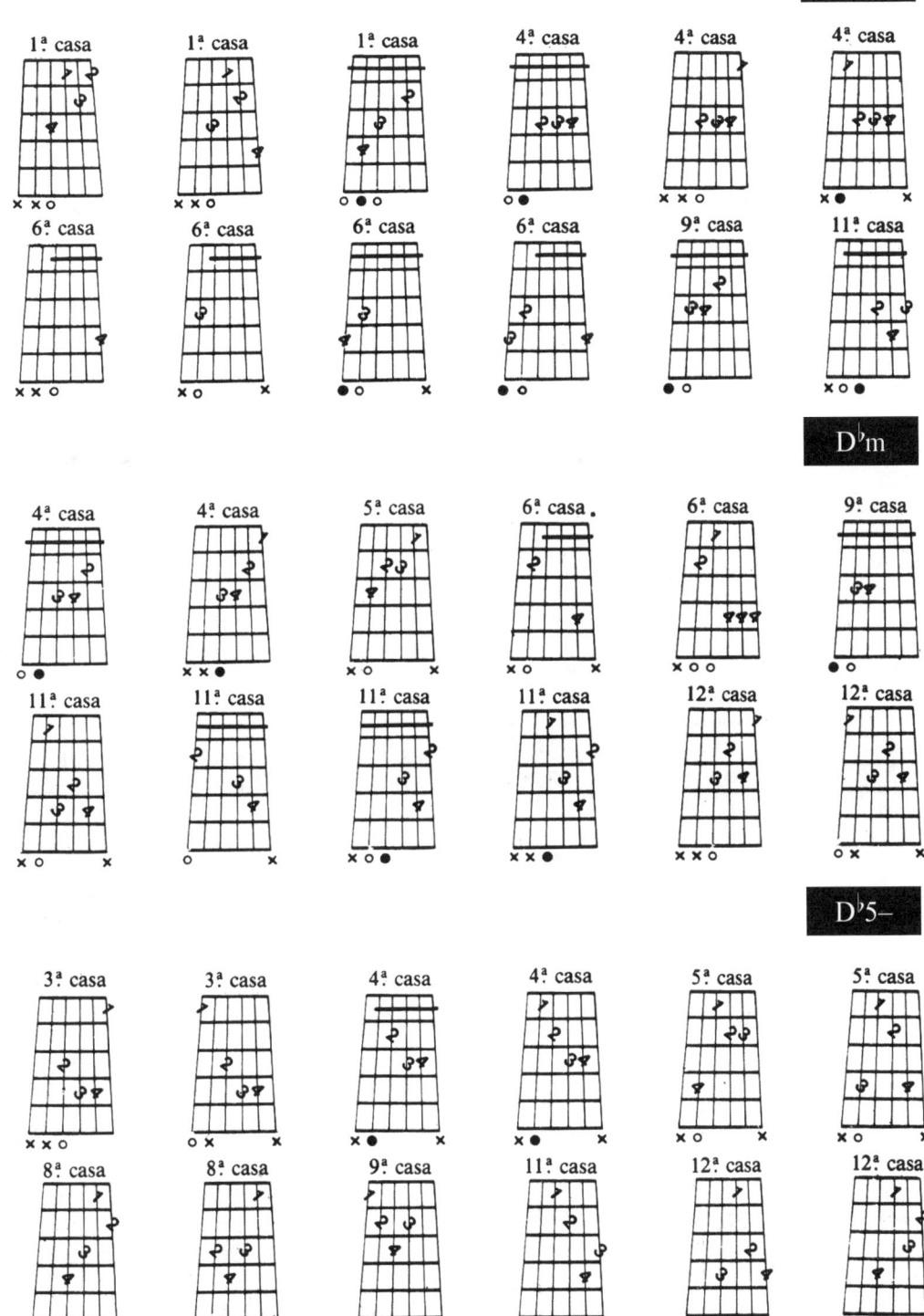

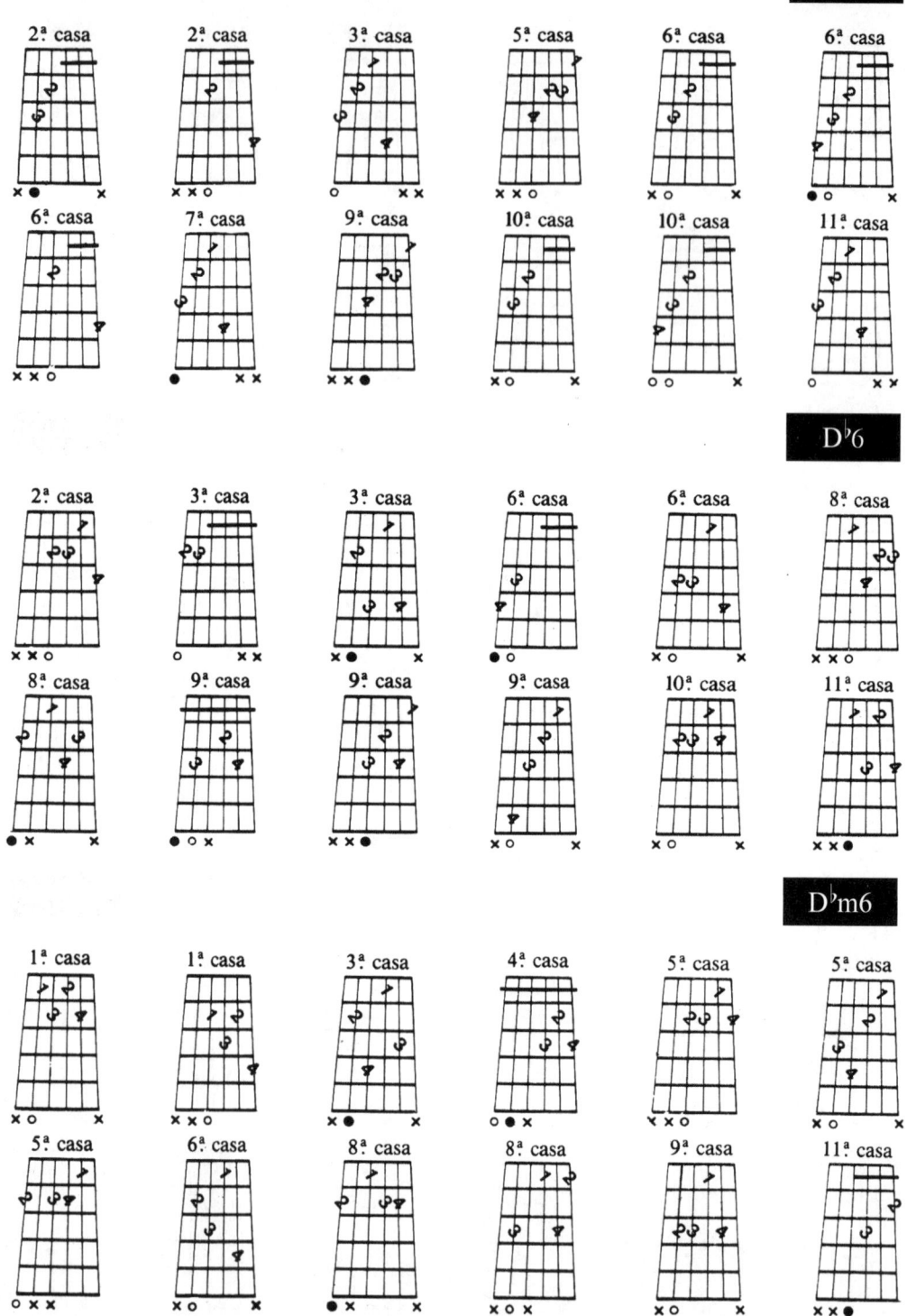

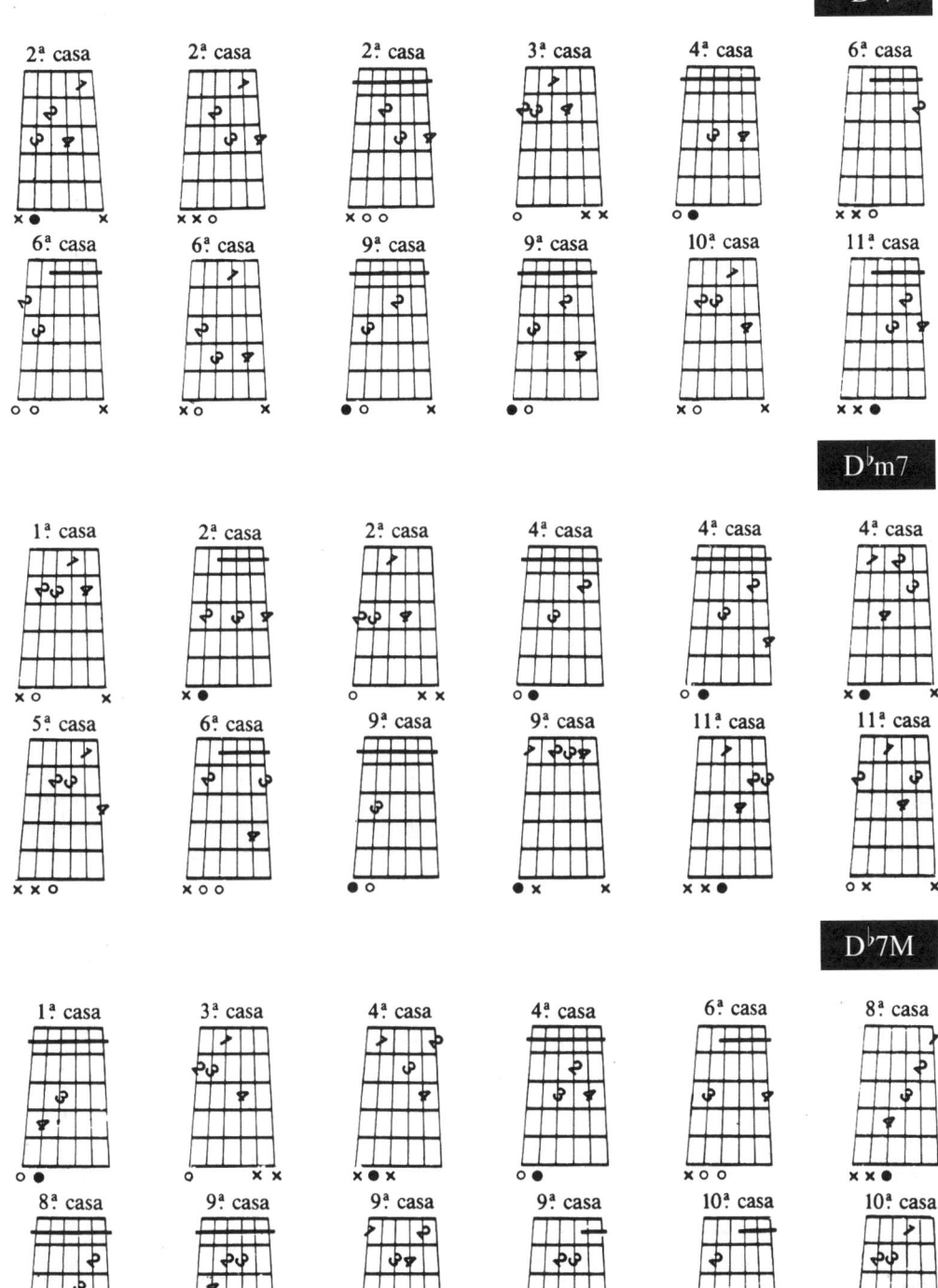

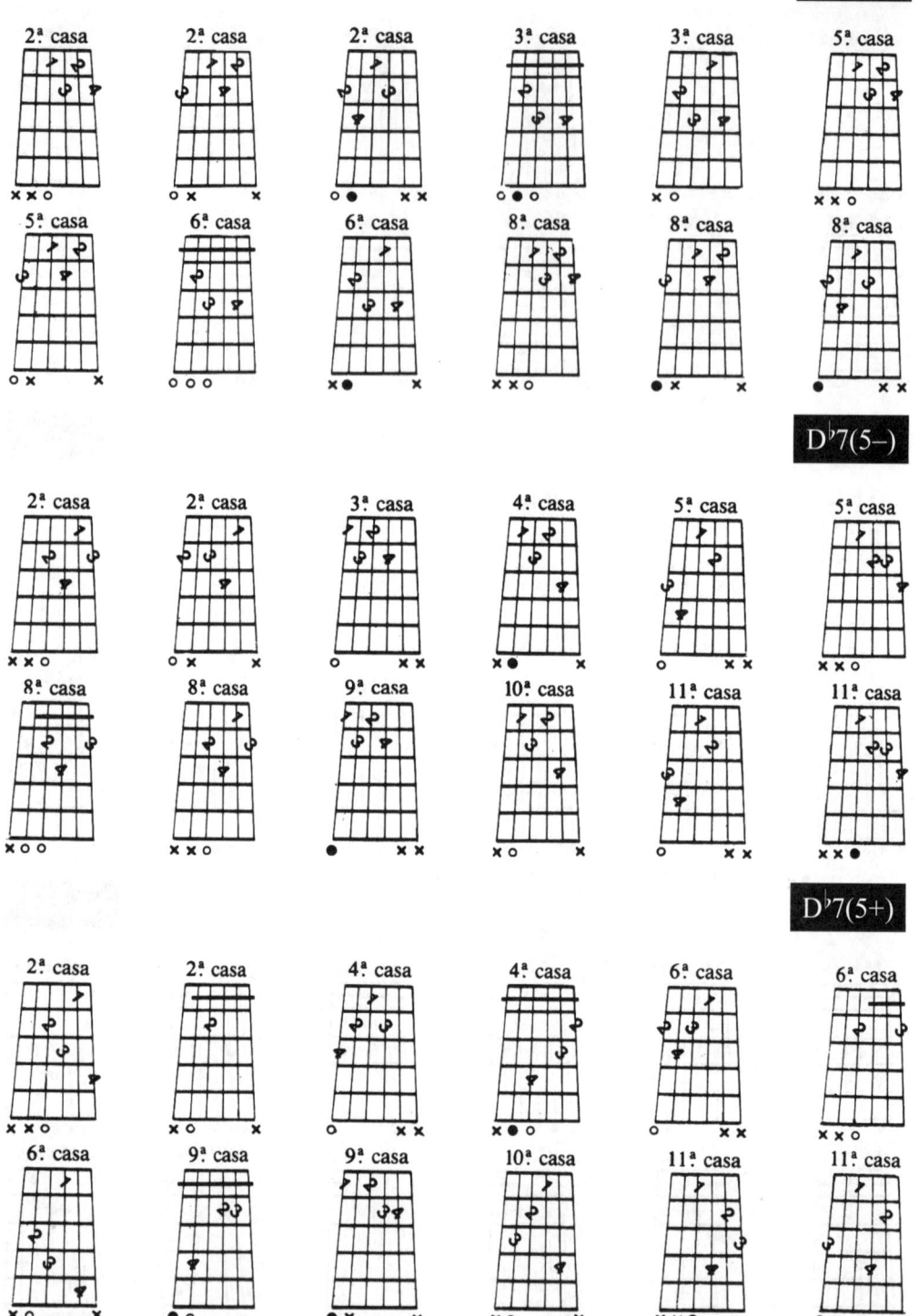

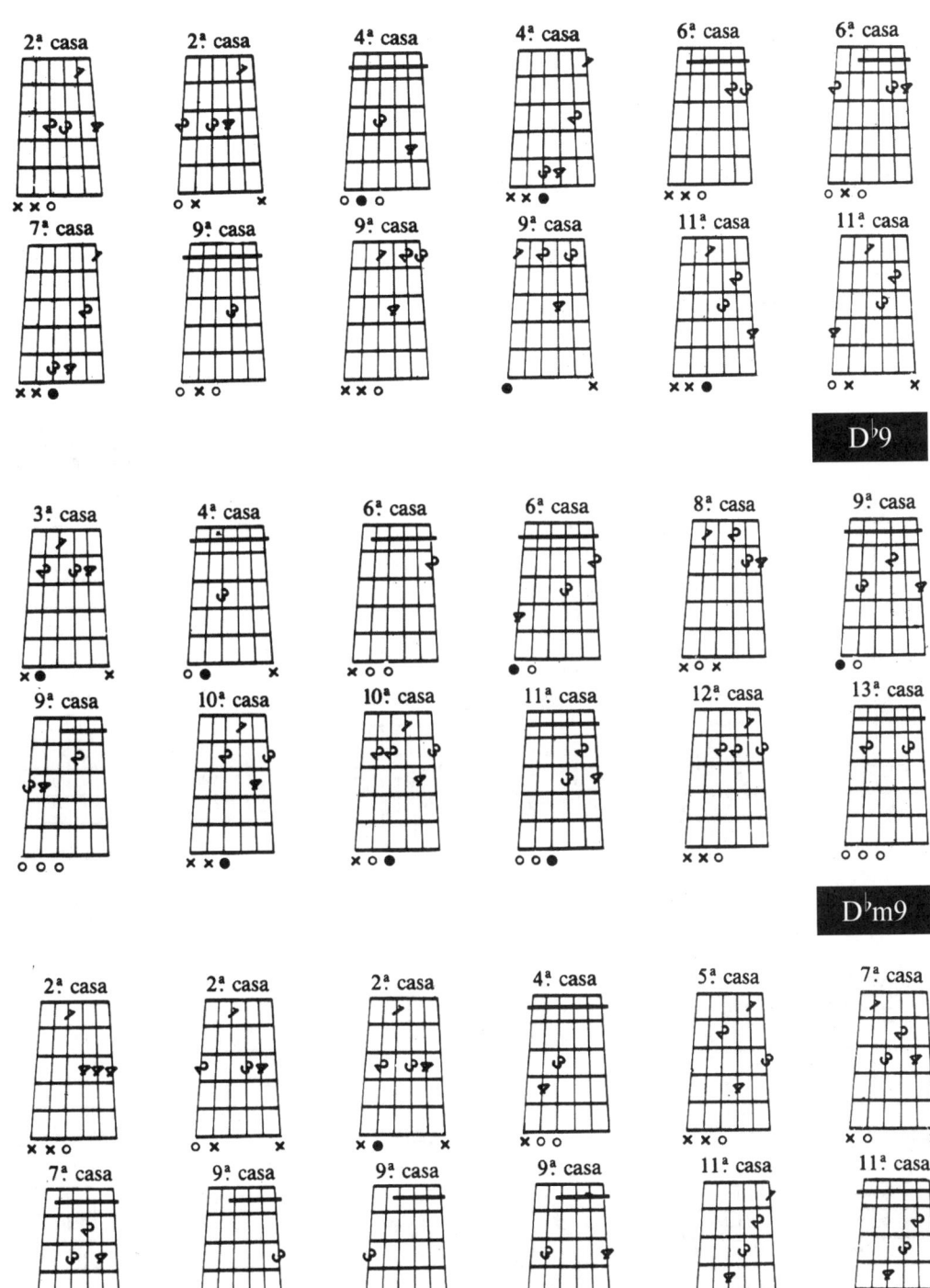

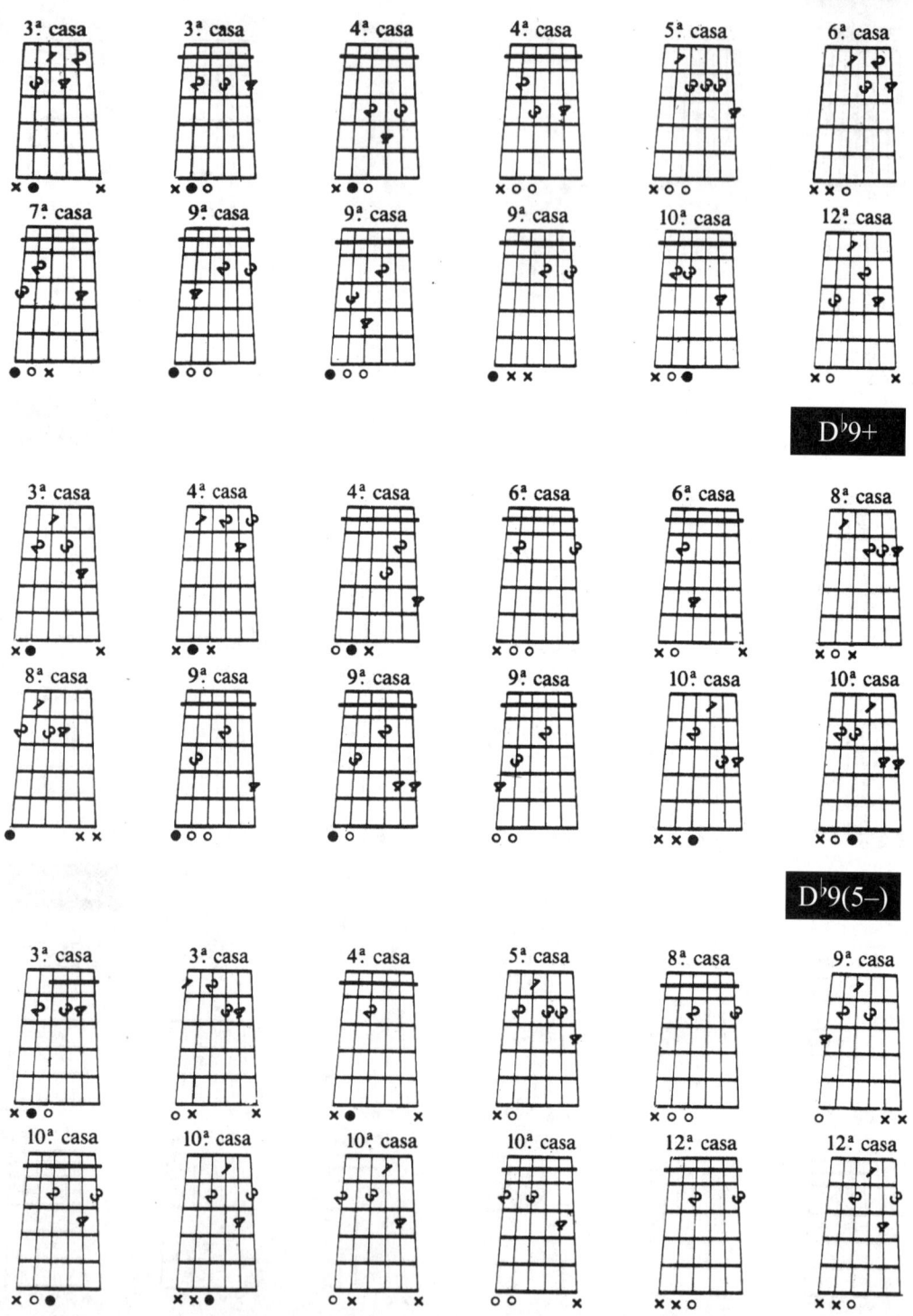

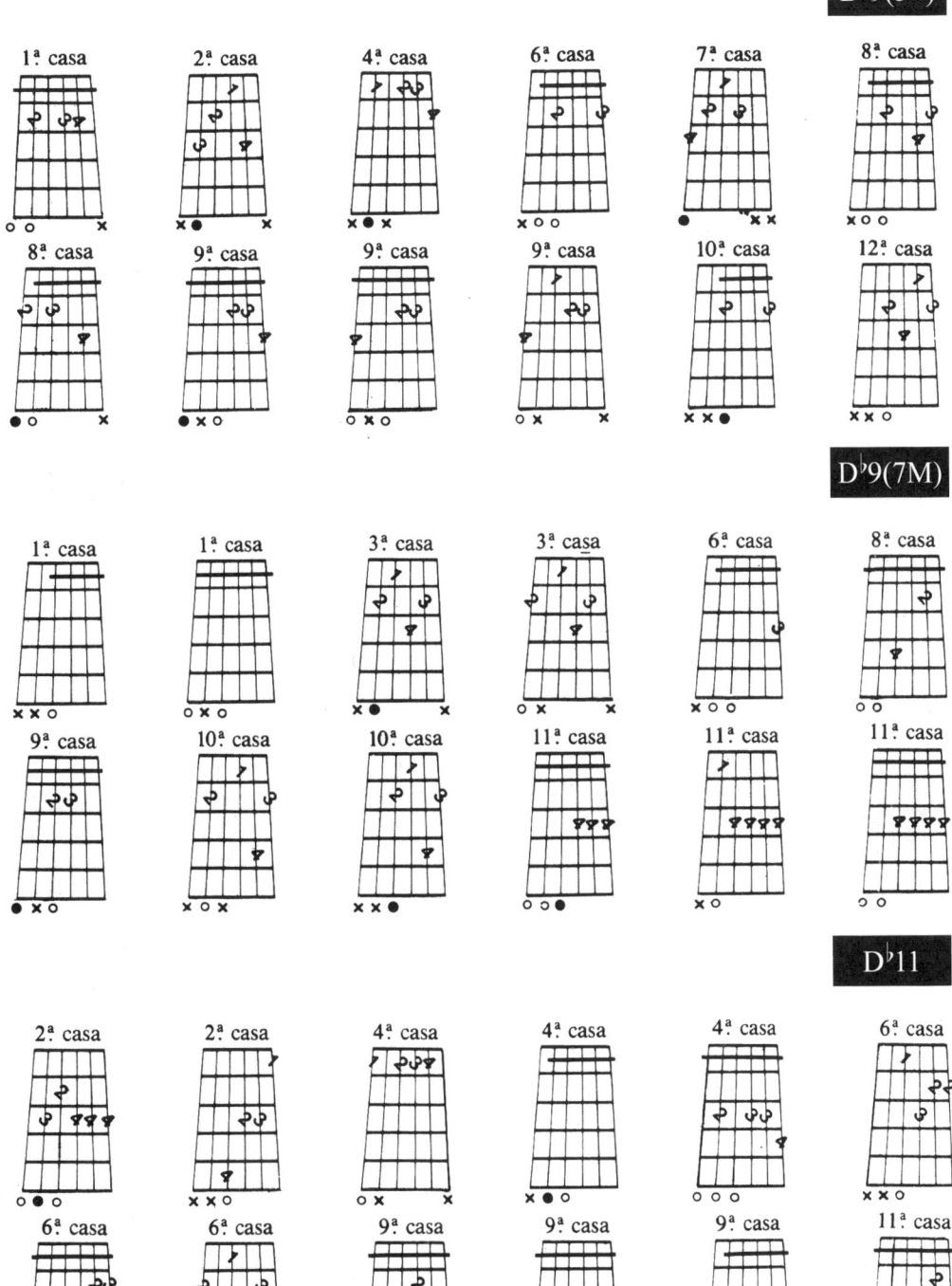

D♭11+o

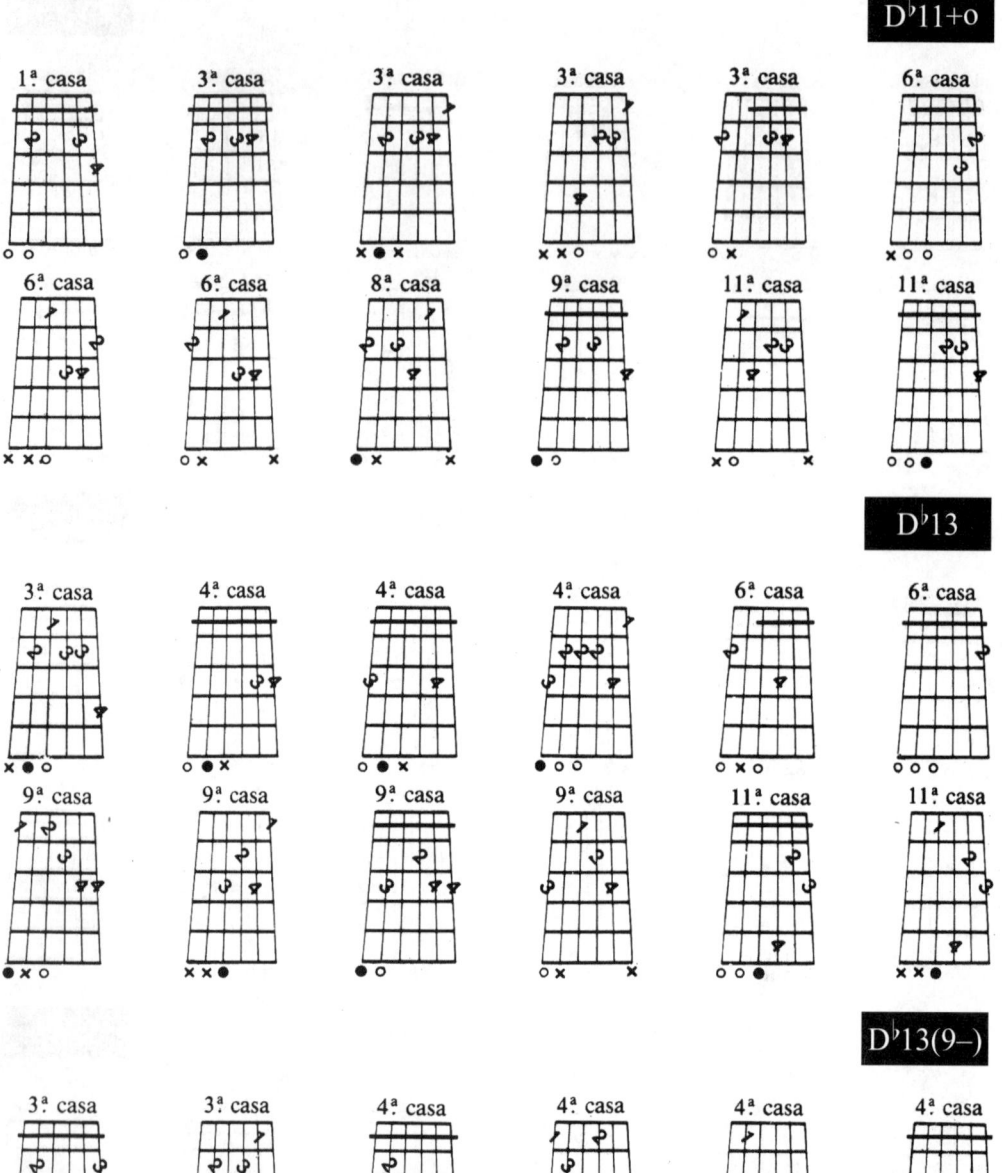

D♭13

D♭13(9−)

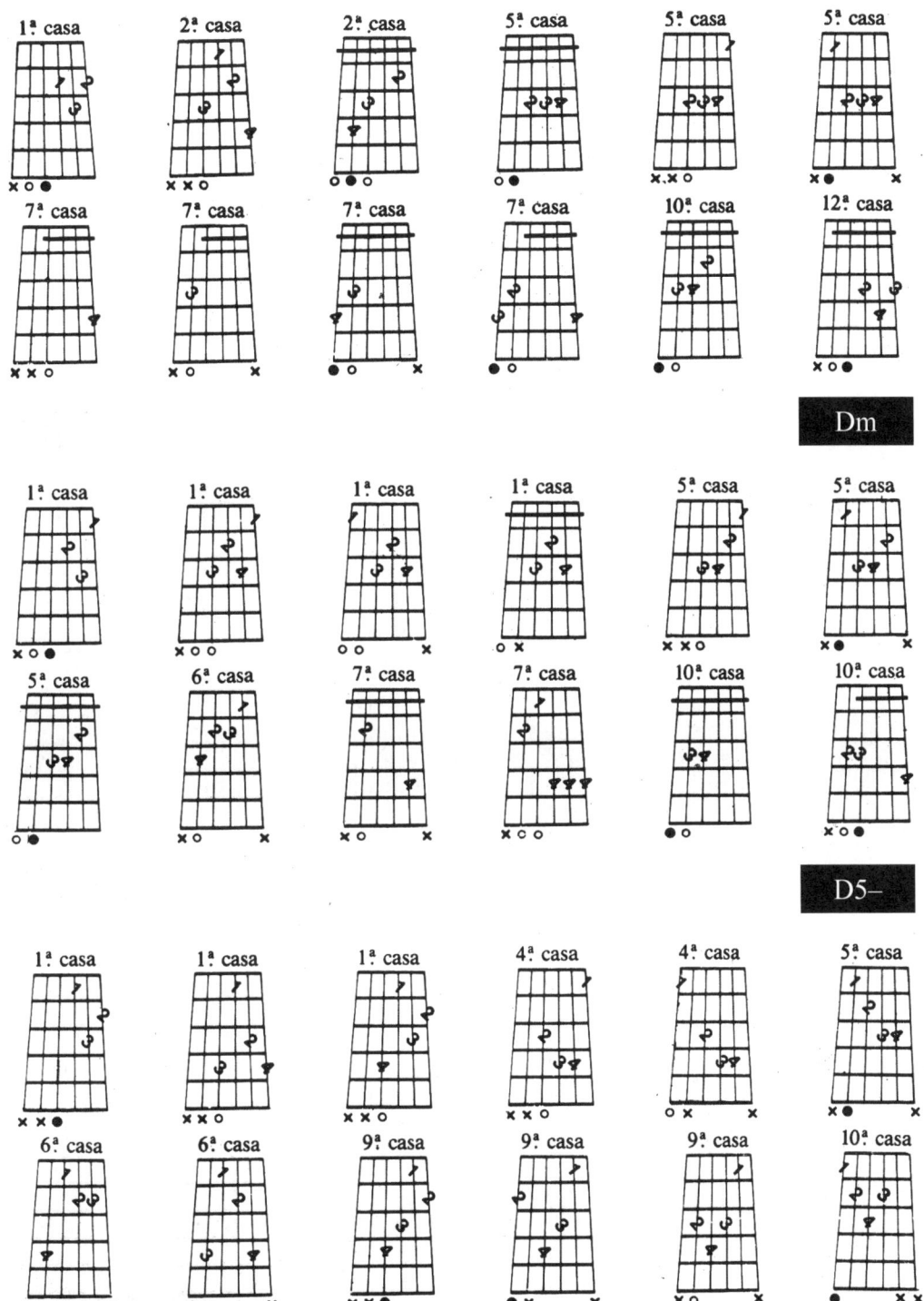

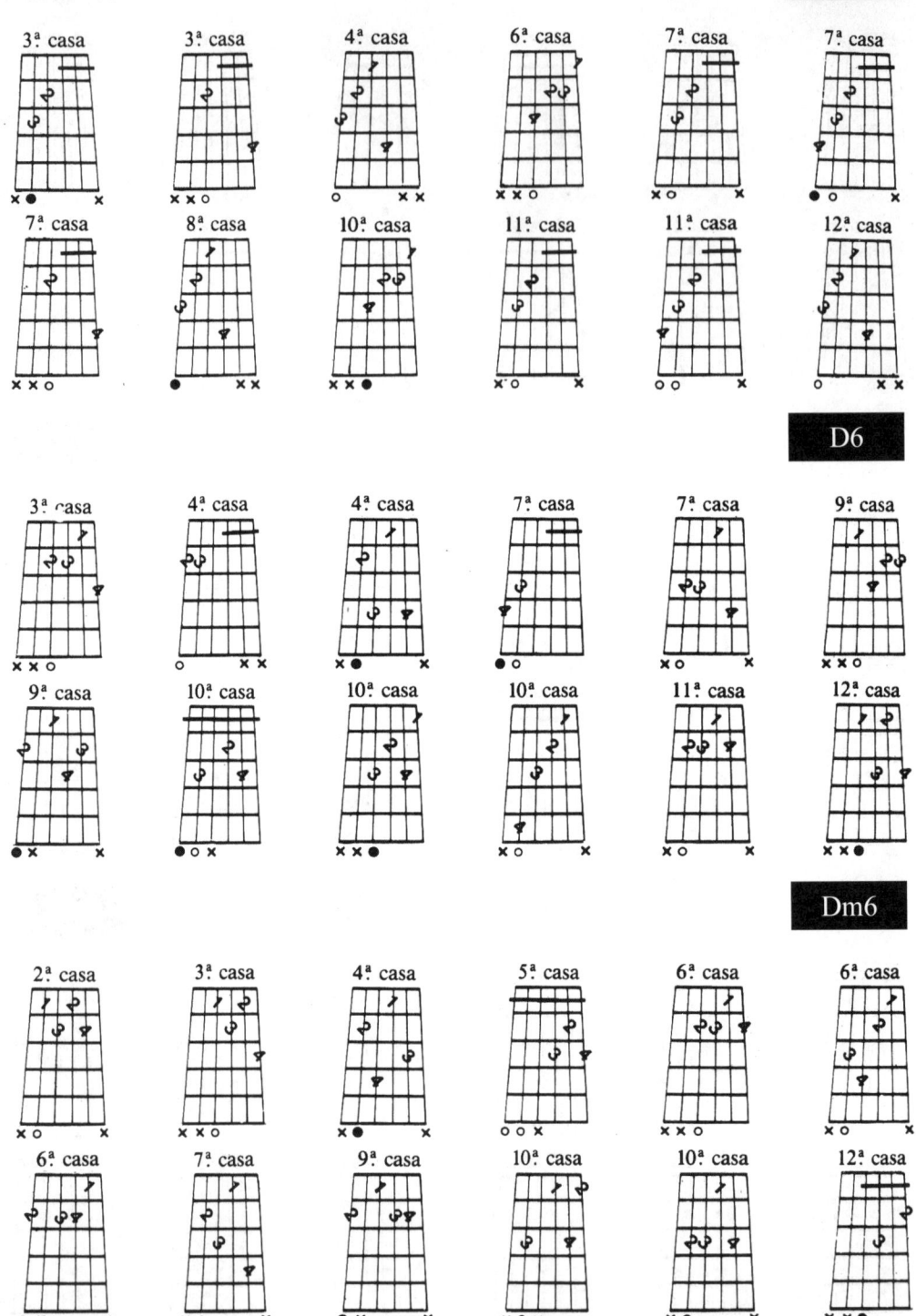

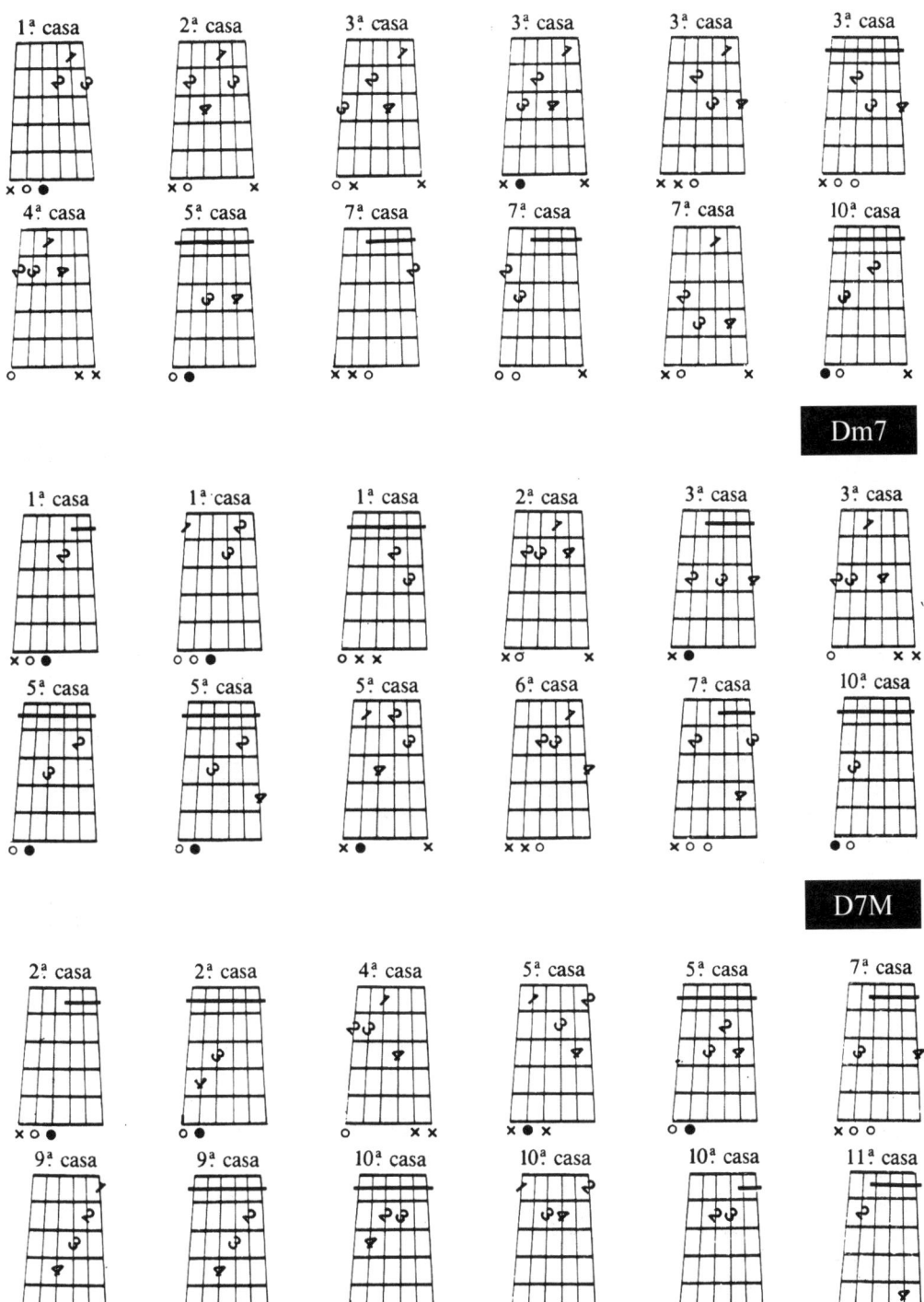

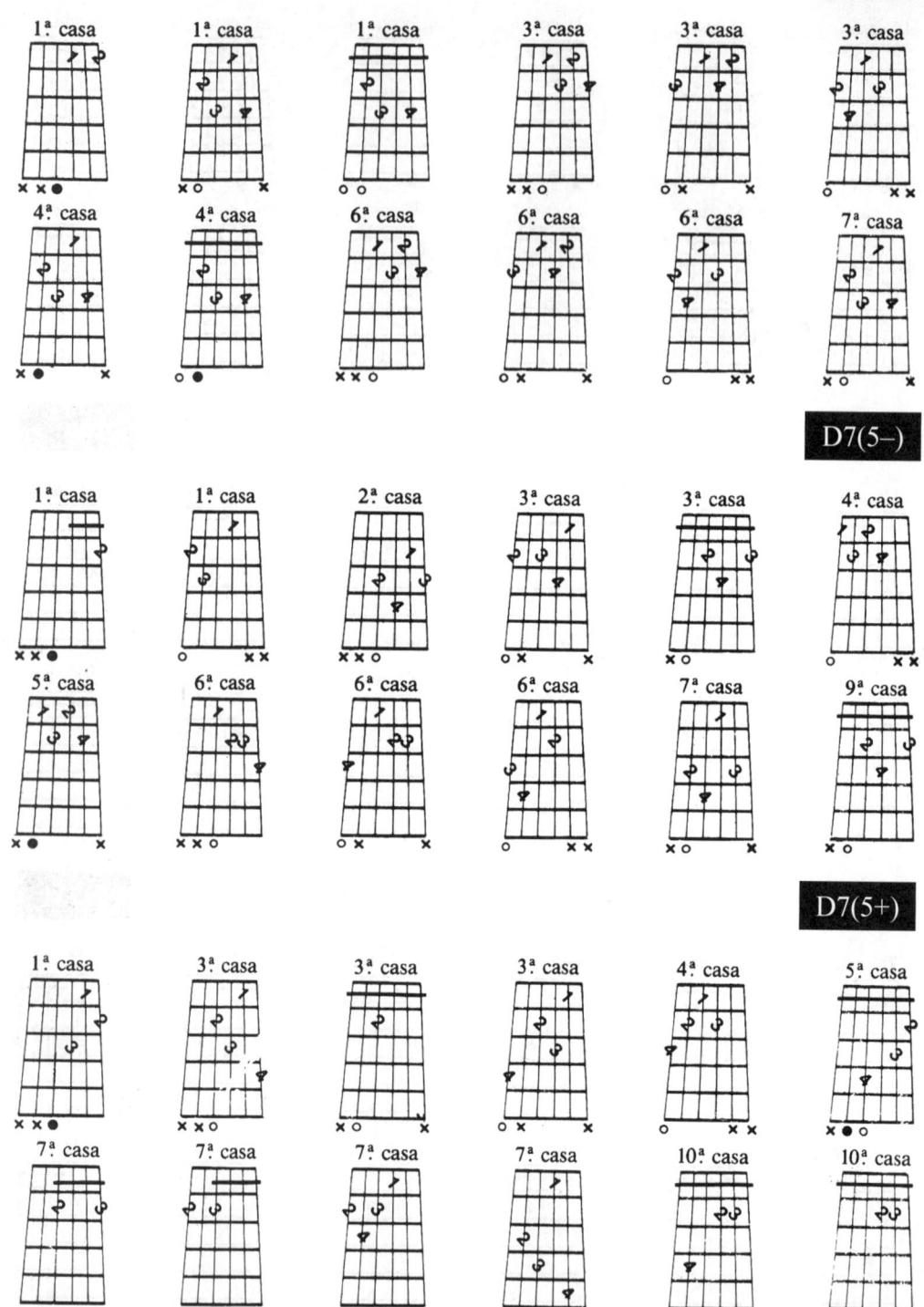

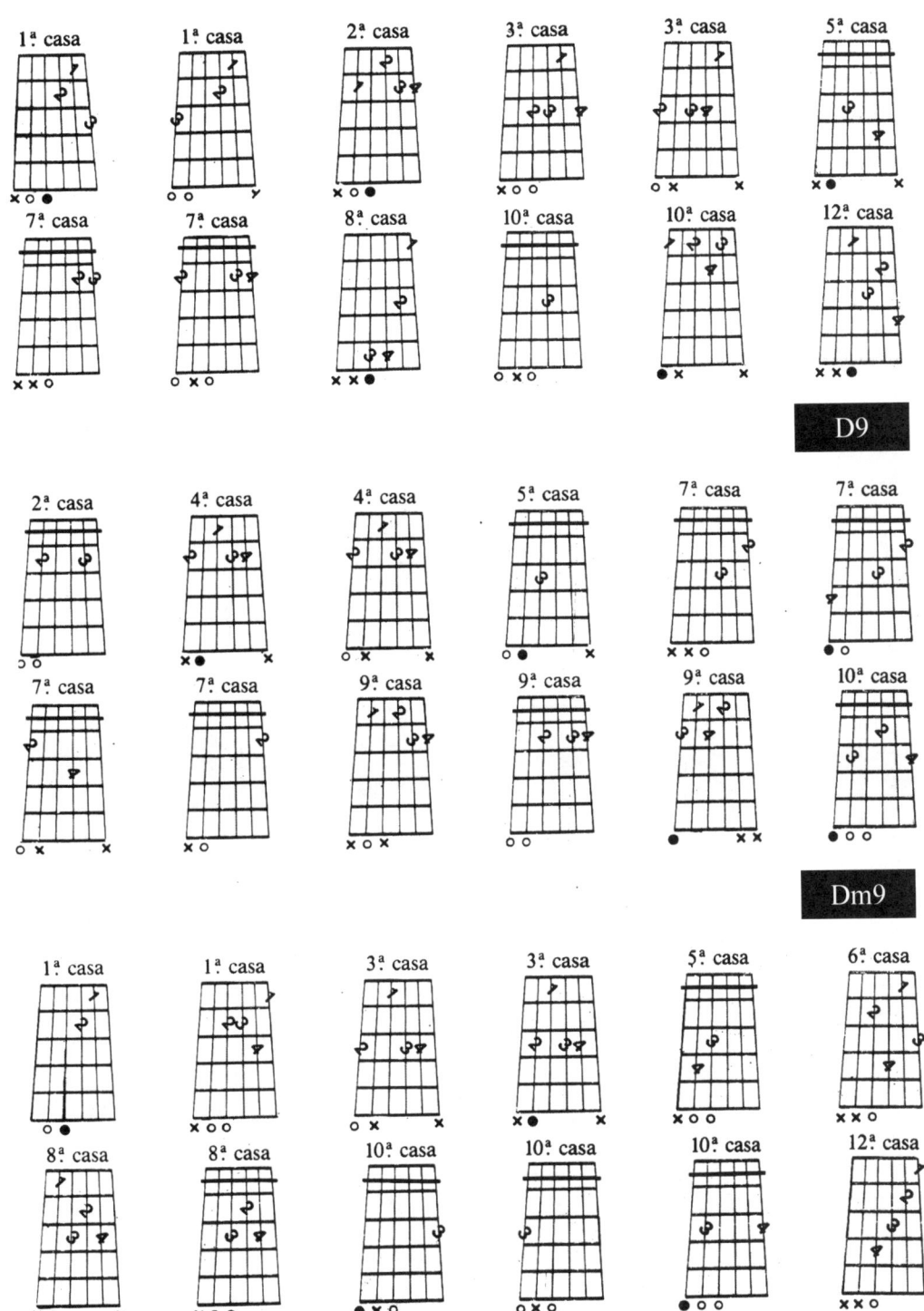

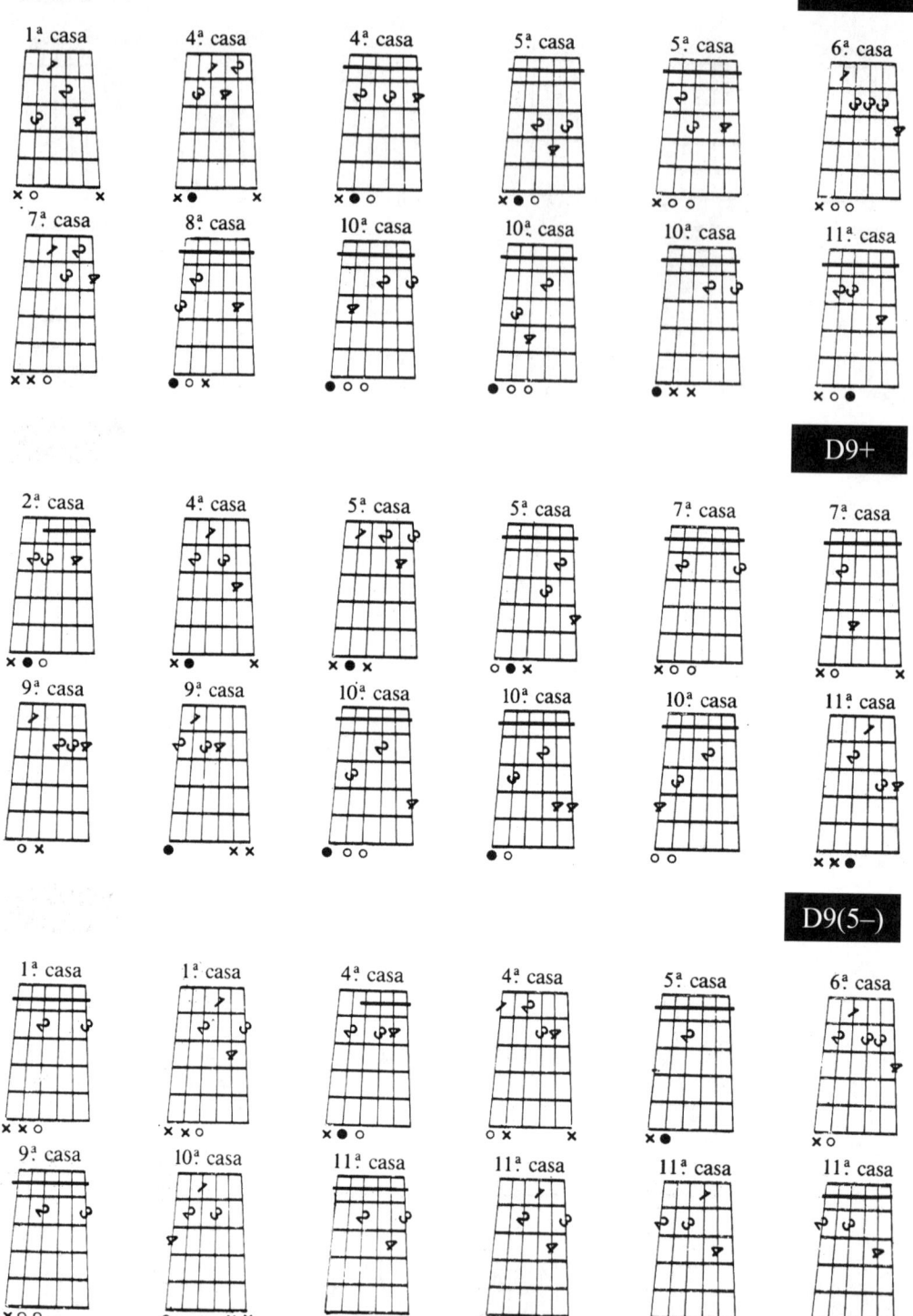

D9(5+)

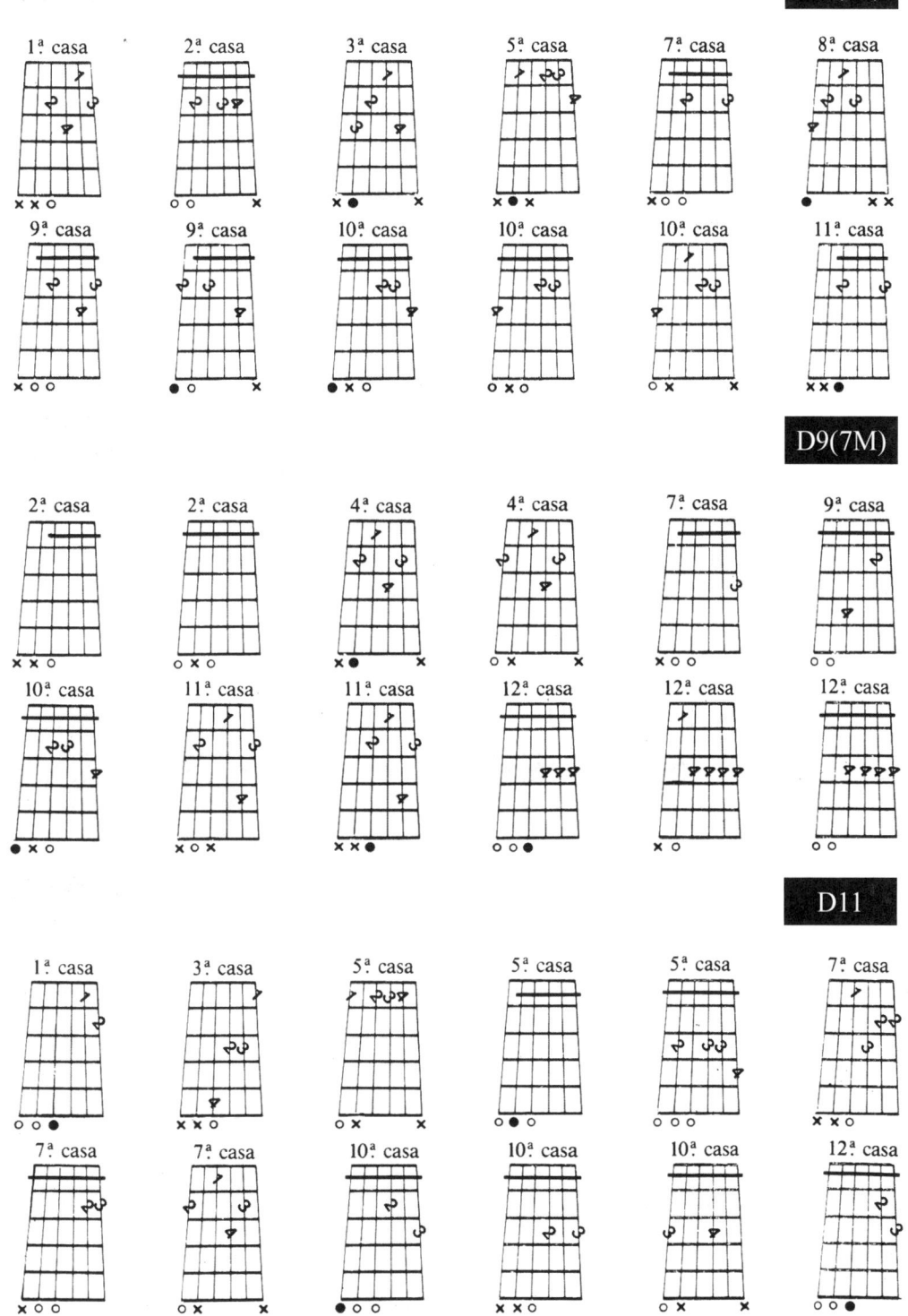

| 1ª casa | 2ª casa | 3ª casa | 5ª casa | 7ª casa | 8ª casa |
| 9ª casa | 9ª casa | 10ª casa | 10ª casa | 10ª casa | 11ª casa |

D9(7M)

| 2ª casa | 2ª casa | 4ª casa | 4ª casa | 7ª casa | 9ª casa |
| 10ª casa | 11ª casa | 11ª casa | 12ª casa | 12ª casa | 12ª casa |

D11

| 1ª casa | 3ª casa | 5ª casa | 5ª casa | 5ª casa | 7ª casa |
| 7ª casa | 7ª casa | 10ª casa | 10ª casa | 10ª casa | 12ª casa |

D11+

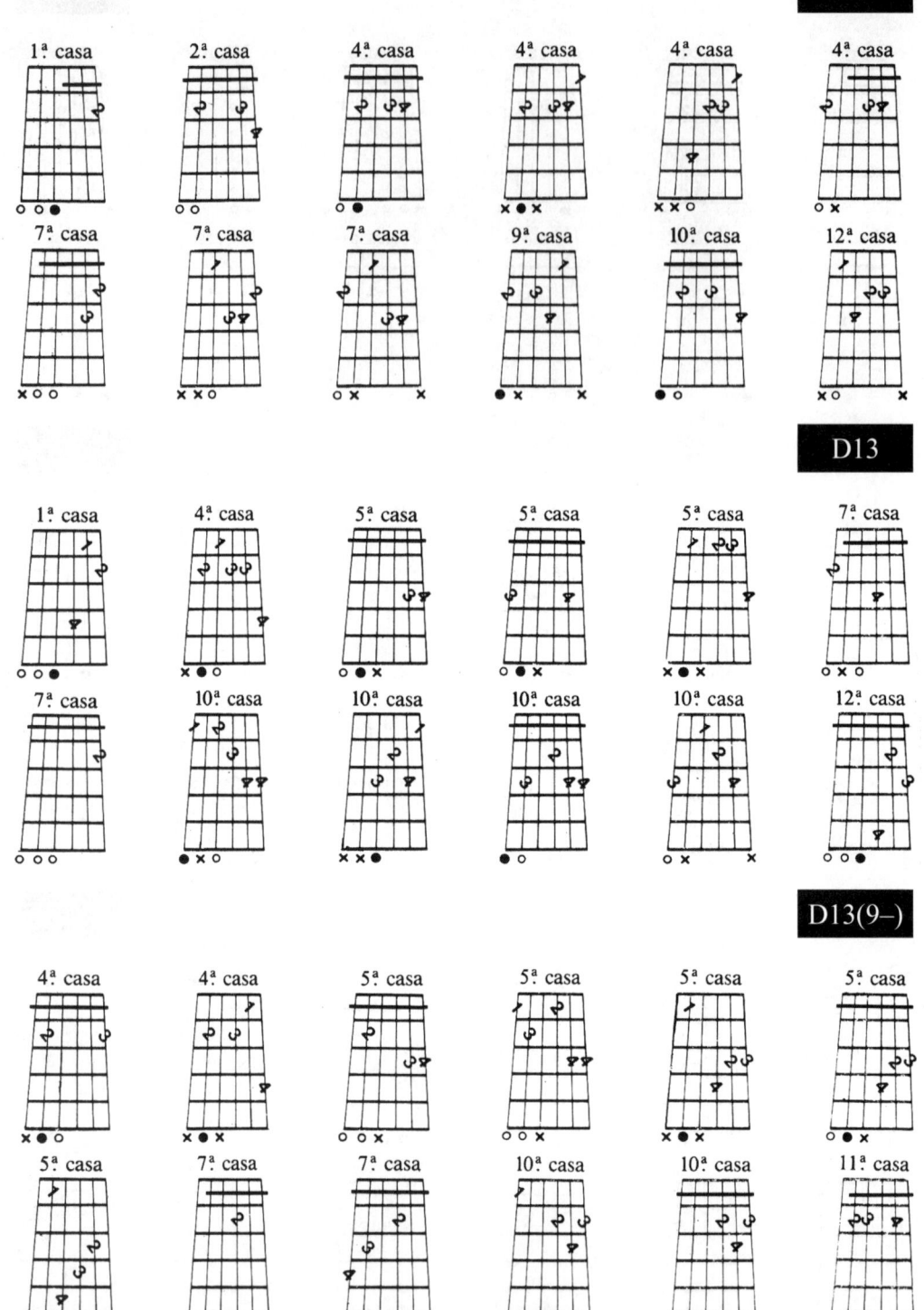

D13

D13(9−)

E♭

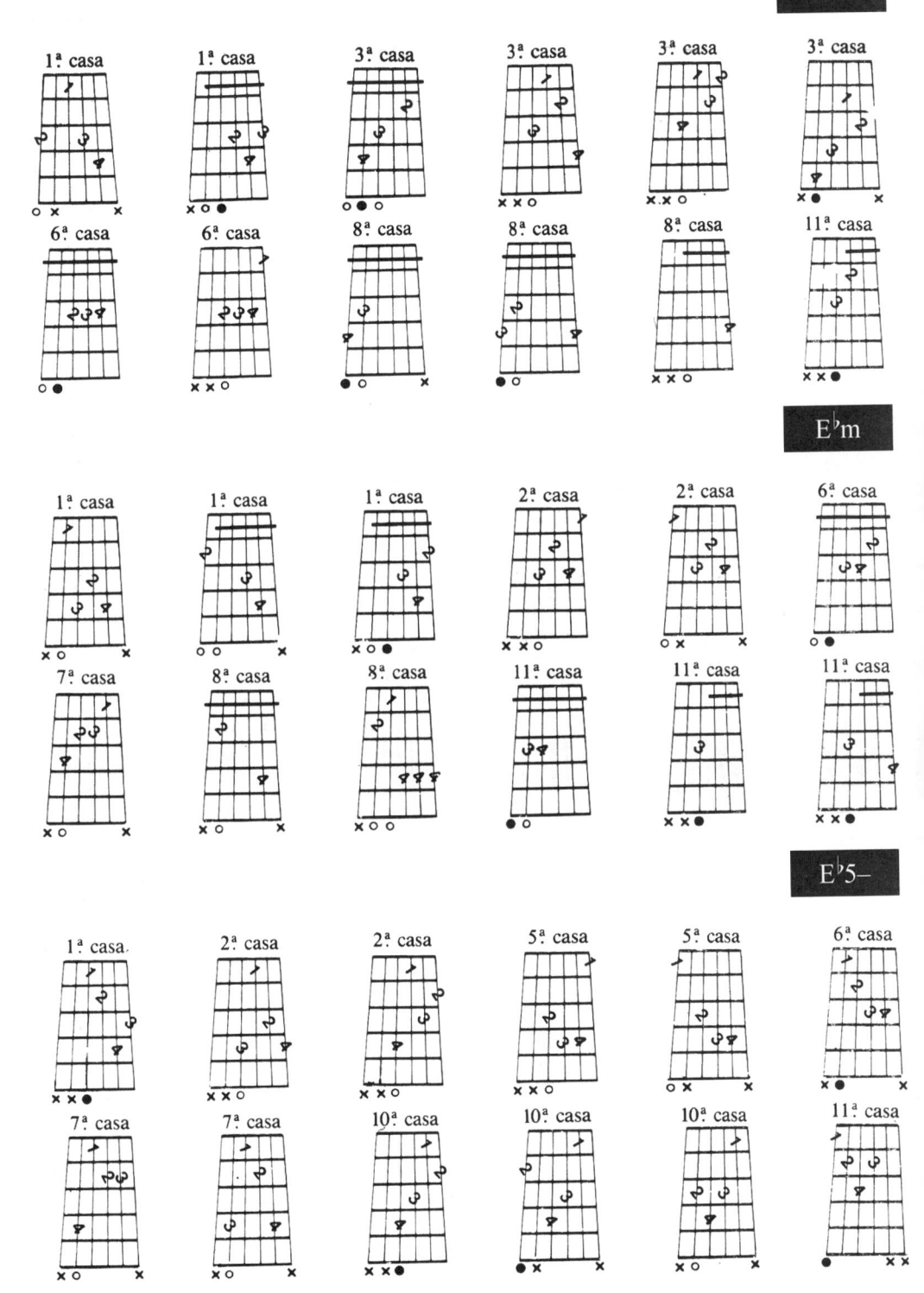

| 1ª casa | 1ª casa | 3ª casa | 3ª casa | 3ª casa | 3ª casa |
| 6ª casa | 6ª casa | 8ª casa | 8ª casa | 8ª casa | 11ª casa |

E♭m

| 1ª casa | 1ª casa | 1ª casa | 2ª casa | 2ª casa | 6ª casa |
| 7ª casa | 8ª casa | 8ª casa | 11ª casa | 11ª casa | 11ª casa |

E♭5−

| 1ª casa | 2ª casa | 2ª casa | 5ª casa | 5ª casa | 6ª casa |
| 7ª casa | 7ª casa | 10ª casa | 10ª casa | 10ª casa | 11ª casa |

E♭5+

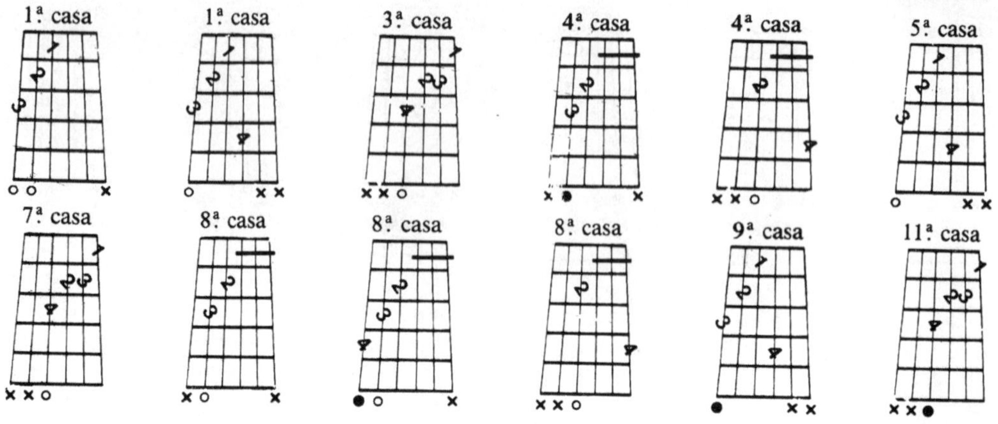
1ª casa
1ª casa
3ª casa
4ª casa
4ª casa
5ª casa
7ª casa
8ª casa
8ª casa
8ª casa
9ª casa
11ª casa

E♭6

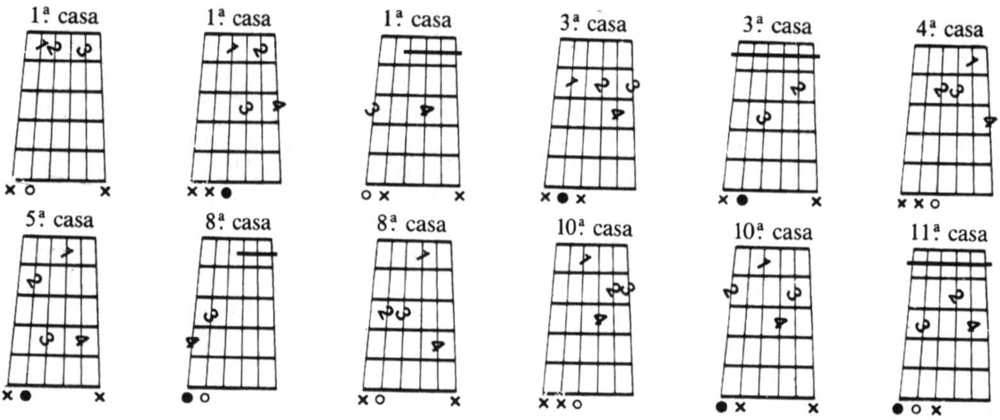
1ª casa
1ª casa
1ª casa
3ª casa
3ª casa
4ª casa
5ª casa
8ª casa
8ª casa
10ª casa
10ª casa
11ª casa

E♭m6

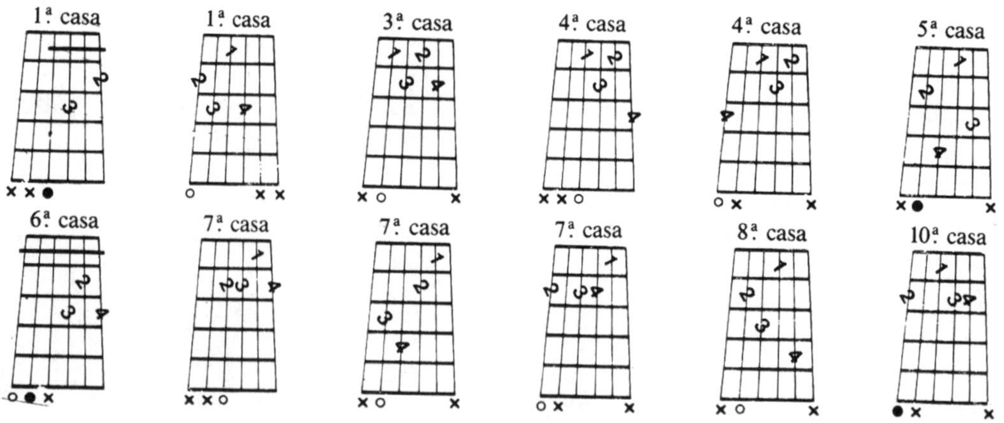
1ª casa
1ª casa
3ª casa
4ª casa
4ª casa
5ª casa
6ª casa
7ª casa
7ª casa
7ª casa
8ª casa
10ª casa

E♭7

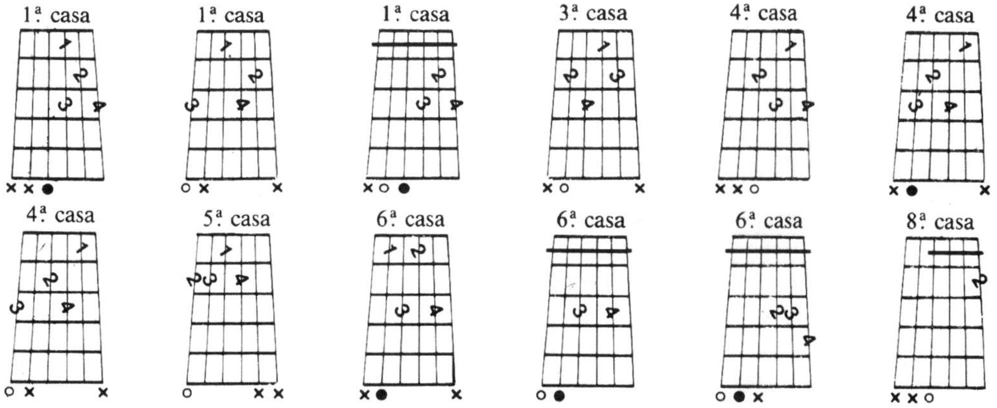
1ª casa
1ª casa
1ª casa
3ª casa
4ª casa
4ª casa
4ª casa
5ª casa
6ª casa
6ª casa
6ª casa
8ª casa

E♭m7

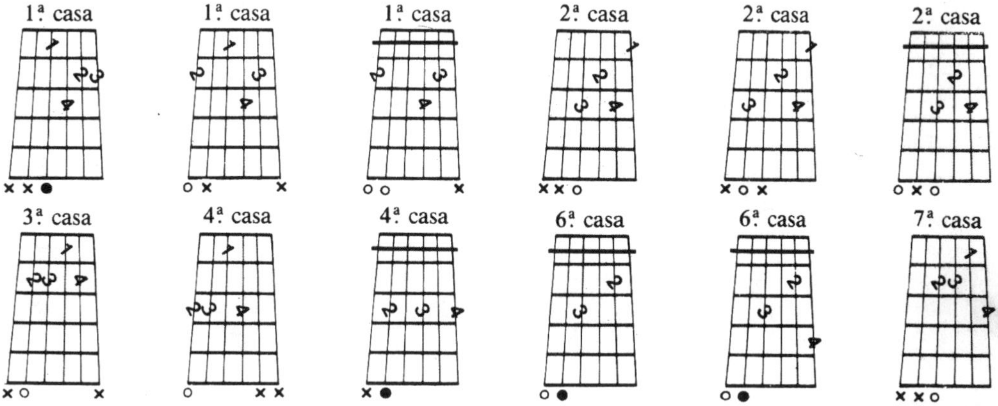
1ª casa
1ª casa
1ª casa
2ª casa
2ª casa
2ª casa
3ª casa
4ª casa
4ª casa
6ª casa
6ª casa
7ª casa

E♭7M

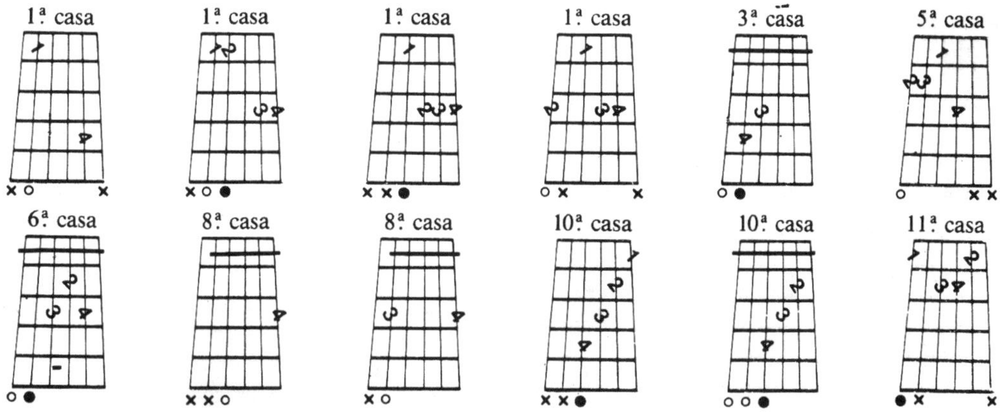
1ª casa
1ª casa
1ª casa
1ª casa
3ª casa
5ª casa
6ª casa
8ª casa
8ª casa
10ª casa
10ª casa
11ª casa

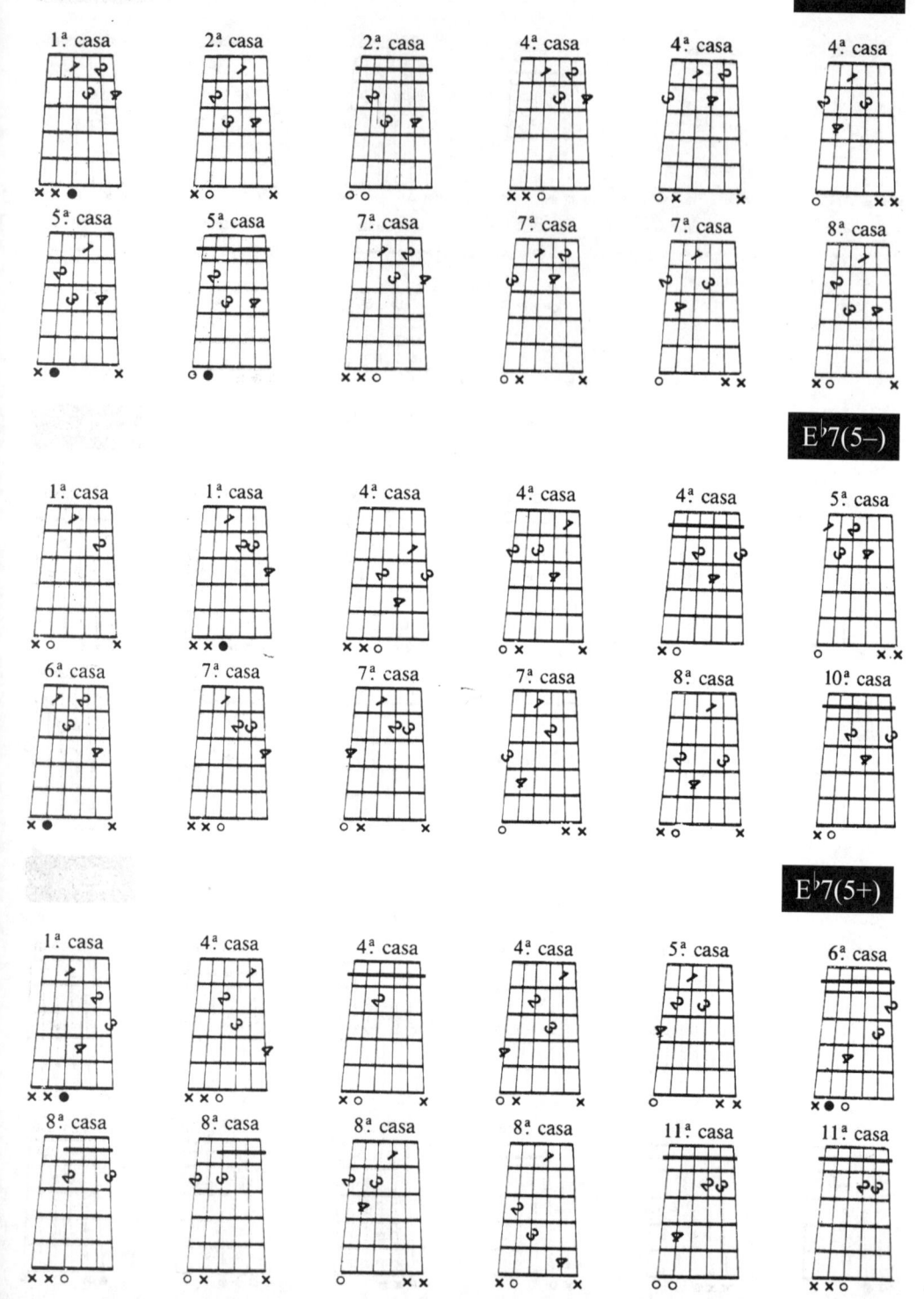

E♭7°

E♭7(5−)

E♭7(5+)

E♭7(4)

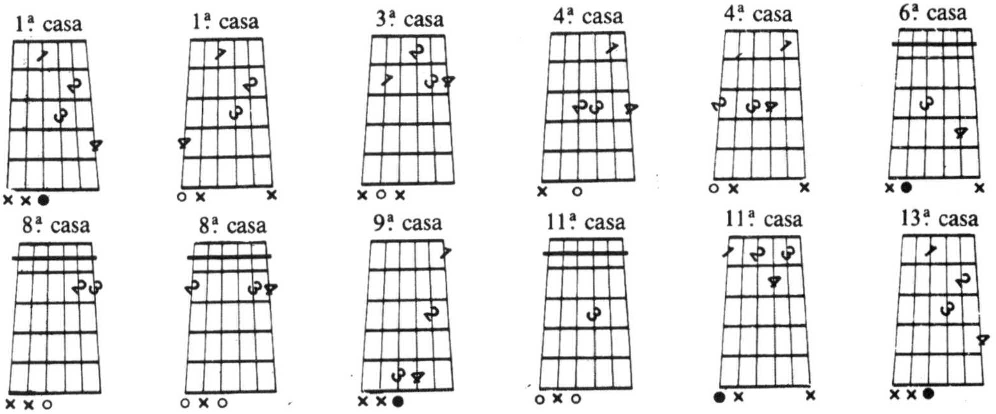
1ª casa
1ª casa
3ª casa
4ª casa
4ª casa
6ª casa
8ª casa
8ª casa
9ª casa
11ª casa
11ª casa
13ª casa

E♭9

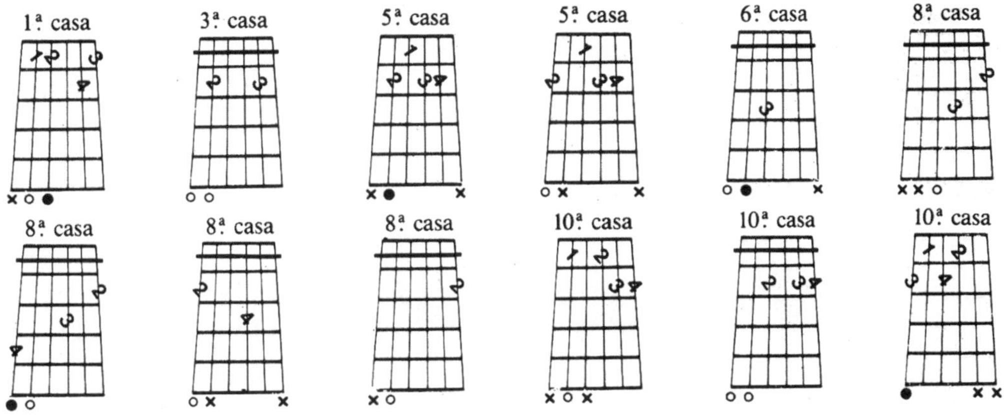
1ª casa
3ª casa
5ª casa
5ª casa
6ª casa
8ª casa
8ª casa
8ª casa
8ª casa
10ª casa
10ª casa
10ª casa

E♭m9

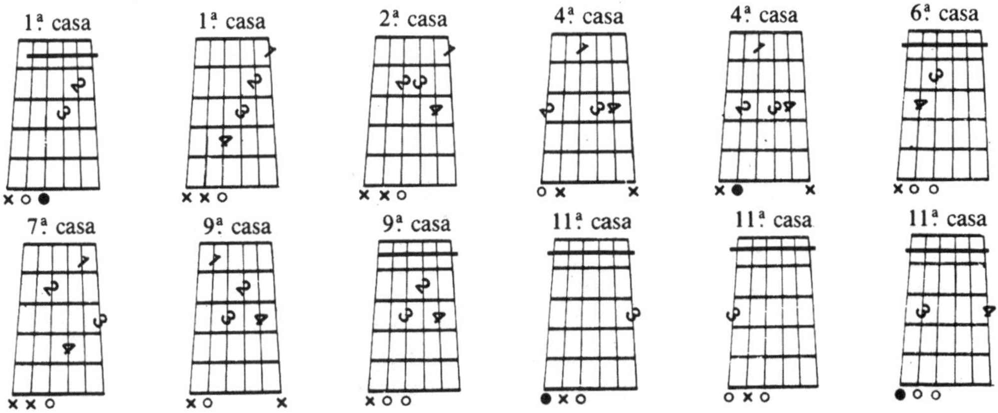
1ª casa
1ª casa
2ª casa
4ª casa
4ª casa
6ª casa
7ª casa
9ª casa
9ª casa
11ª casa
11ª casa
11ª casa

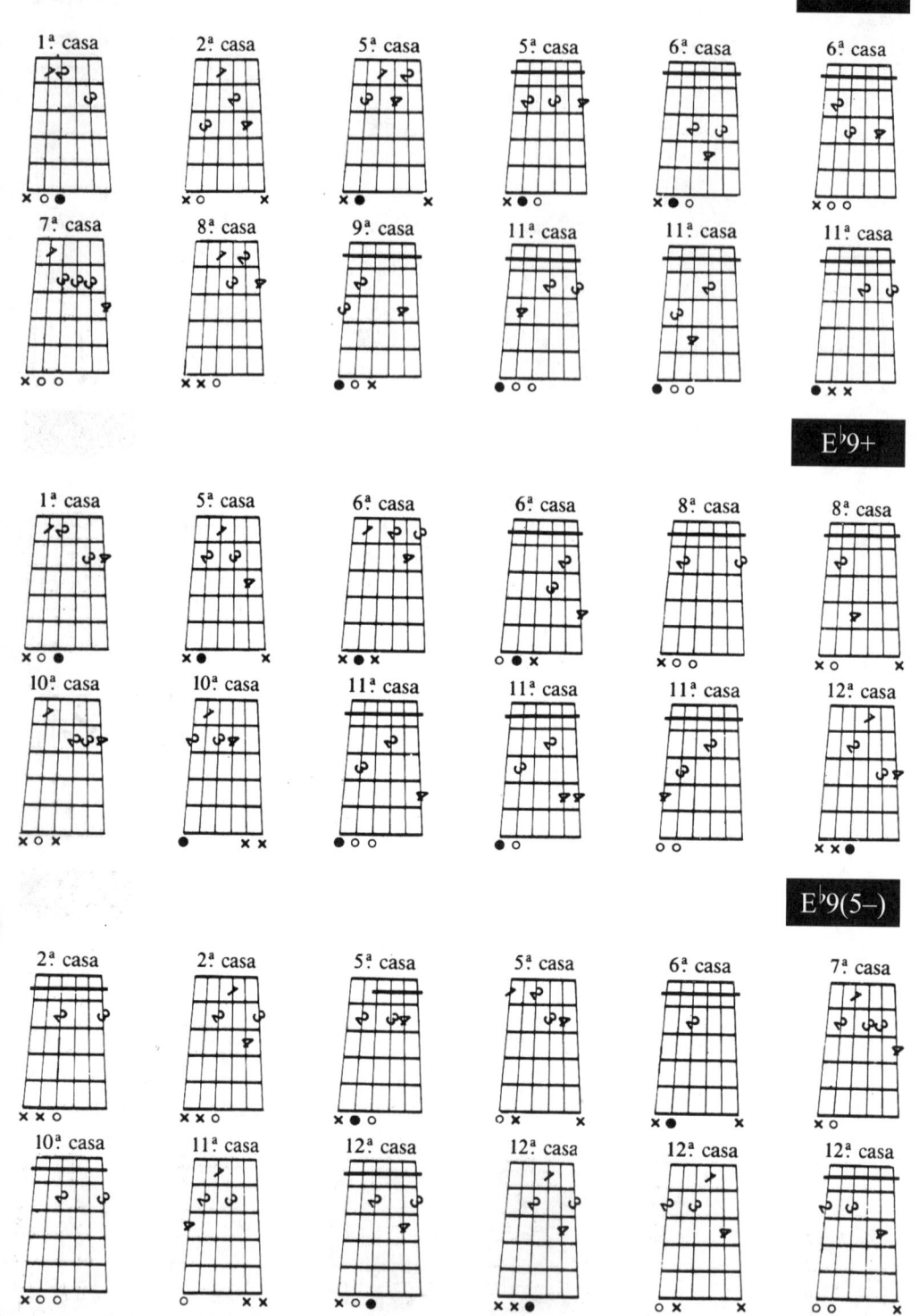

E♭9−

E♭9+

E♭9(5−)

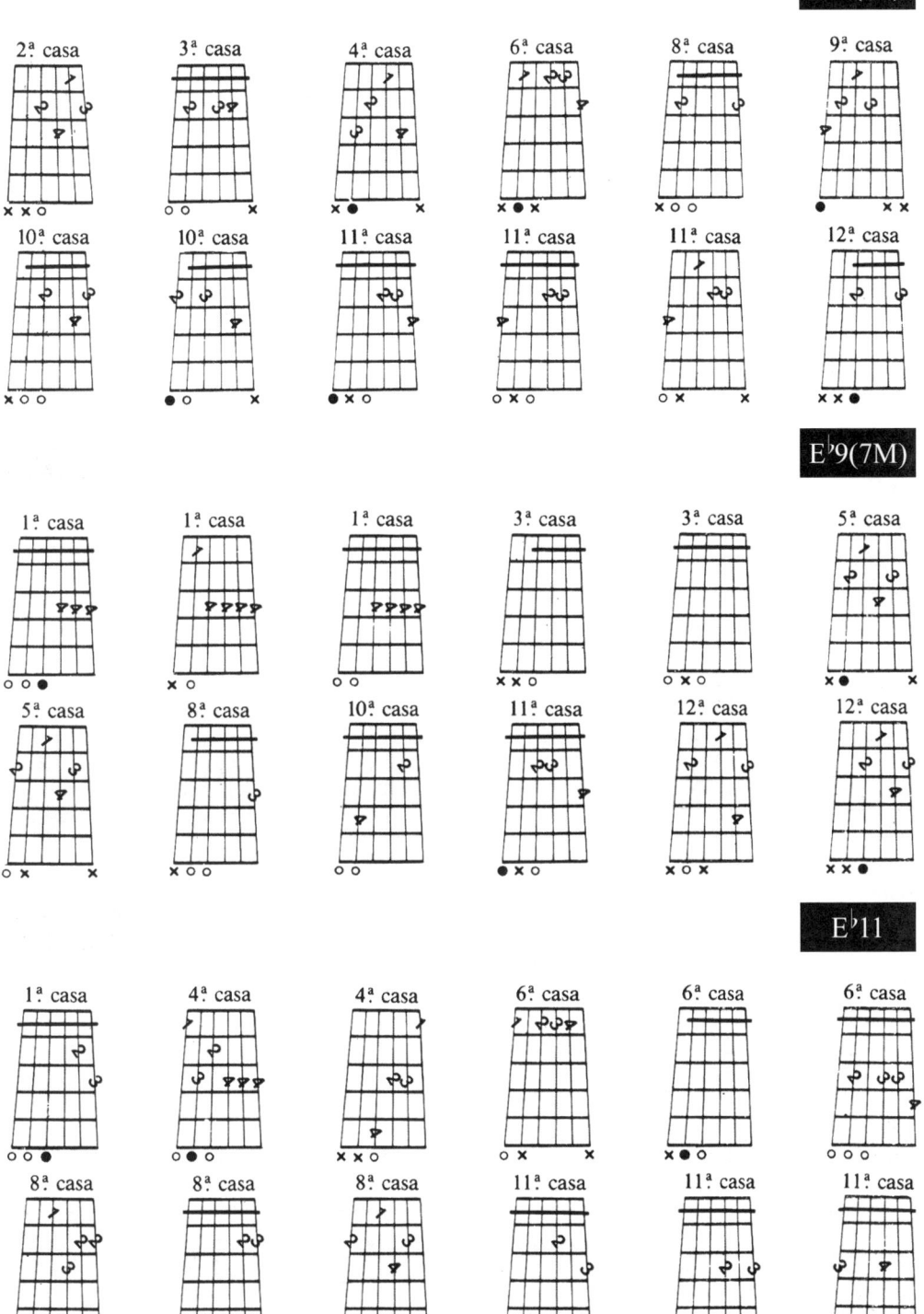

E♭9(5+)

E♭9(7M)

E♭11

$E\flat 11+$

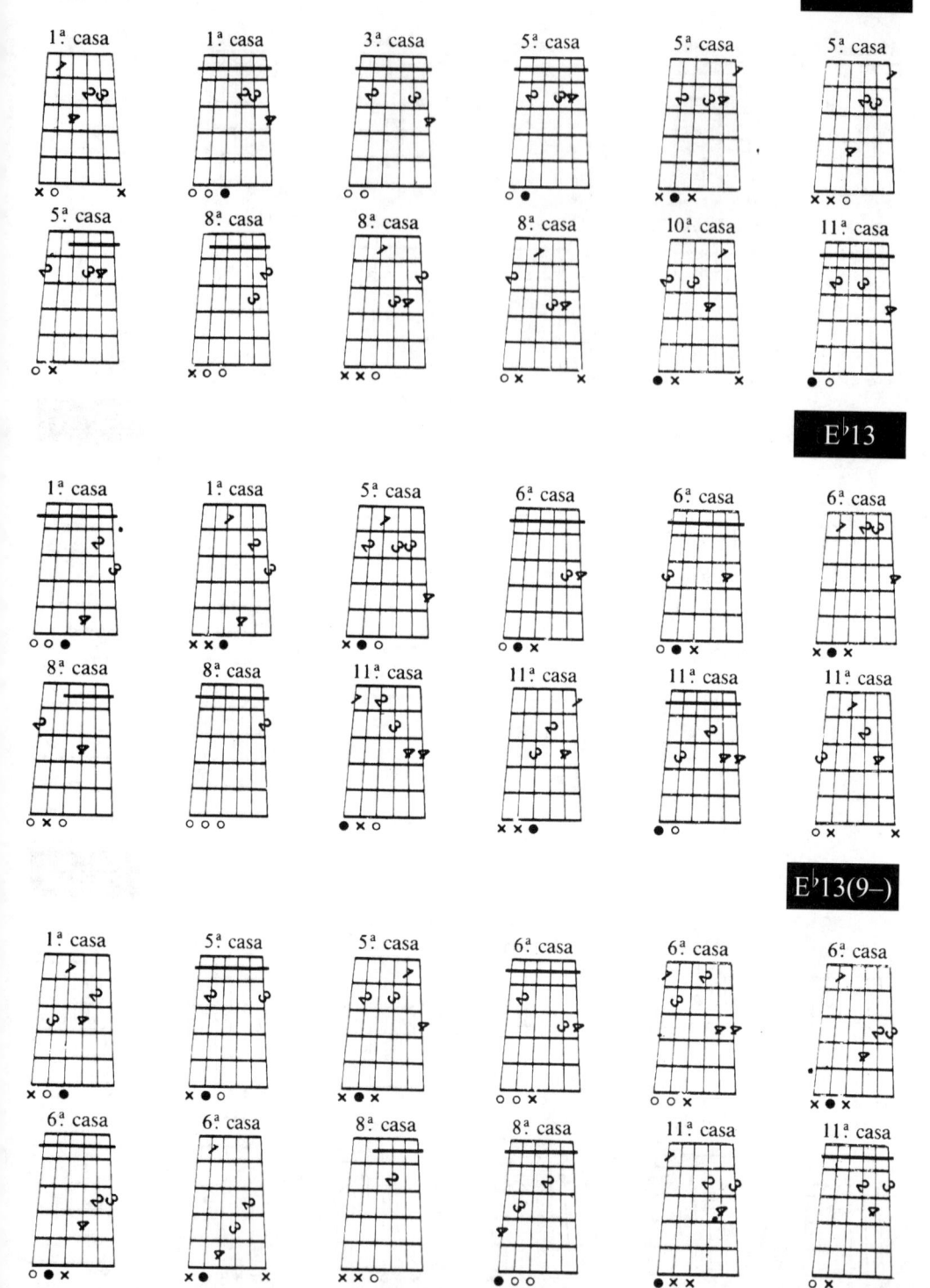

$E\flat 13$

$E\flat 13(9-)$

E

1ª casa

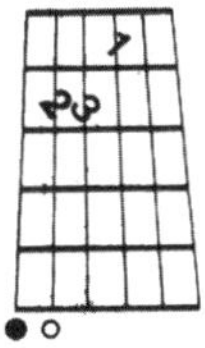

1ª casa

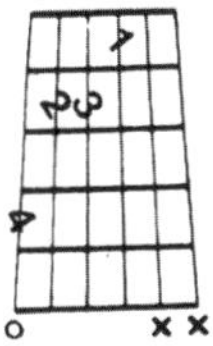

2ª casa

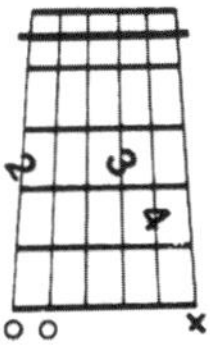

2ª casa

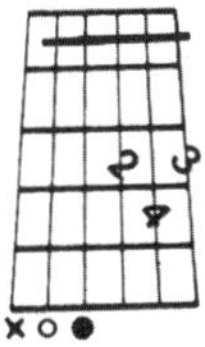

4ª casa

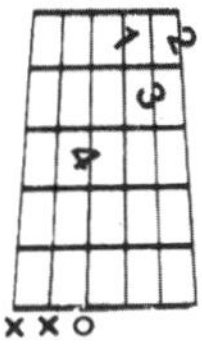

4ª casa

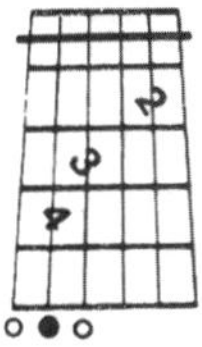

4ª casa

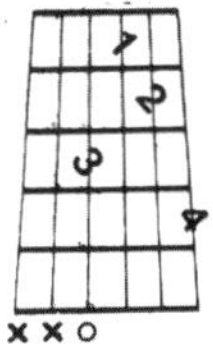

4ª casa

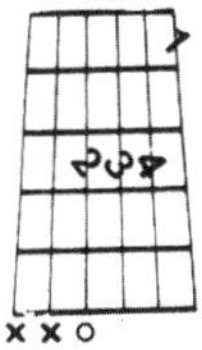

7ª casa

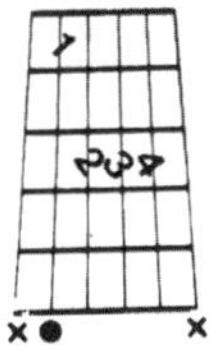

7ª casa

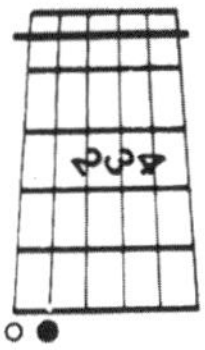

9ª casa

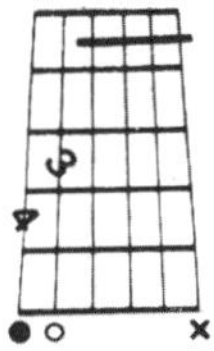

9ª casa

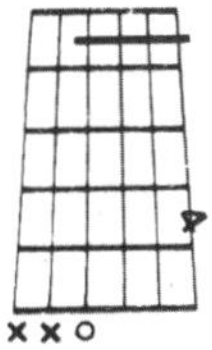

Em

1ª casa

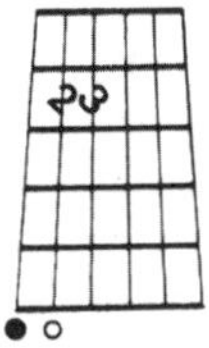

1ª casa

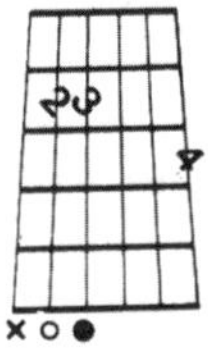

2ª casa

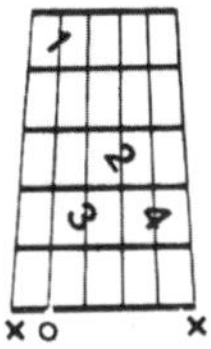

2ª casa

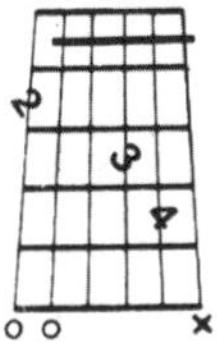

2ª casa

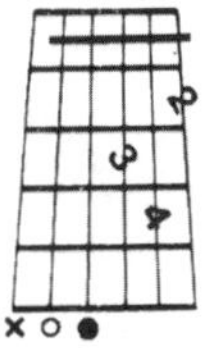

3ª casa

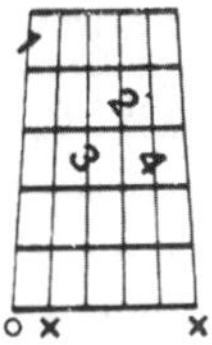

3ª casa

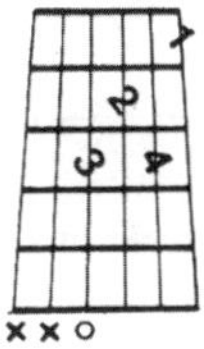

7ª casa

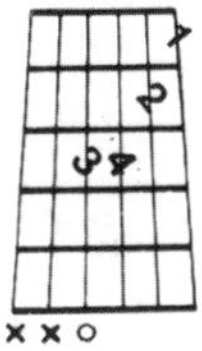

7ª casa

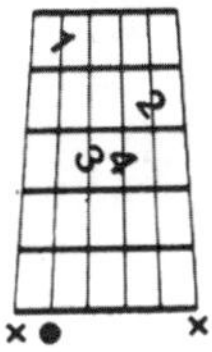

7ª casa

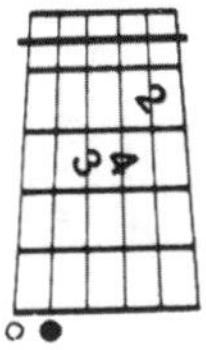

8ª casa

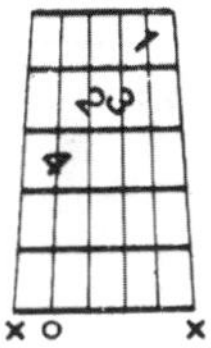

9ª casa

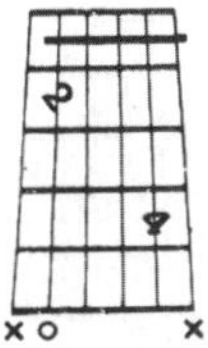

E5–

1ª casa

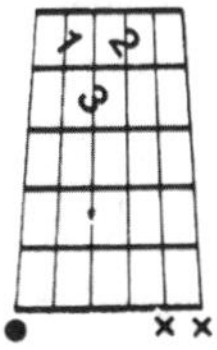

2ª casa

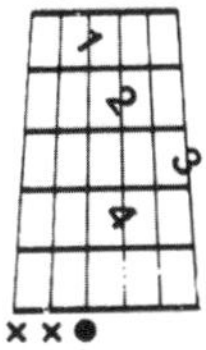

3ª casa

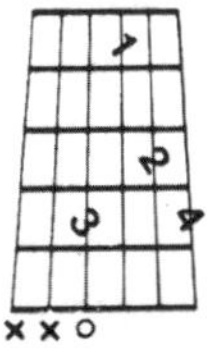

3ª casa

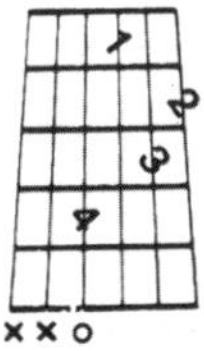

6ª casa

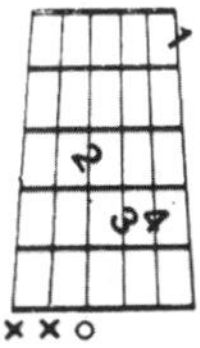

6ª casa

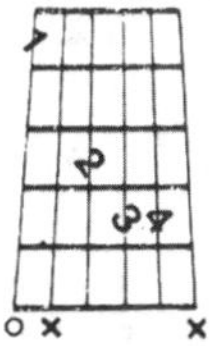

7ª casa

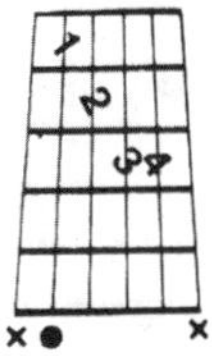

8ª casa

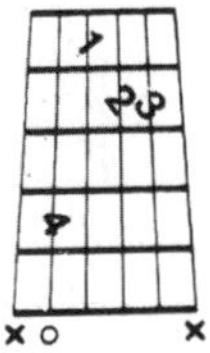

8ª casa

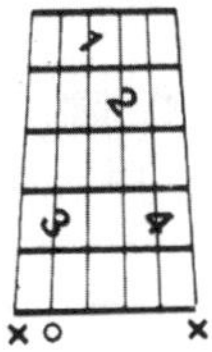

11ª casa

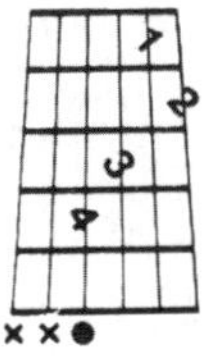

11ª casa

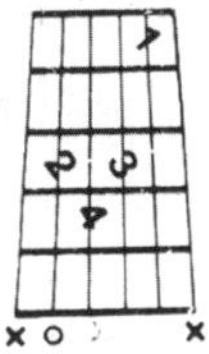

12ª casa

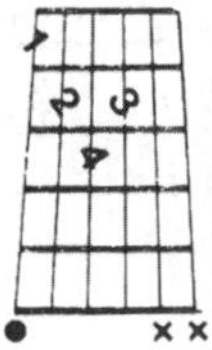

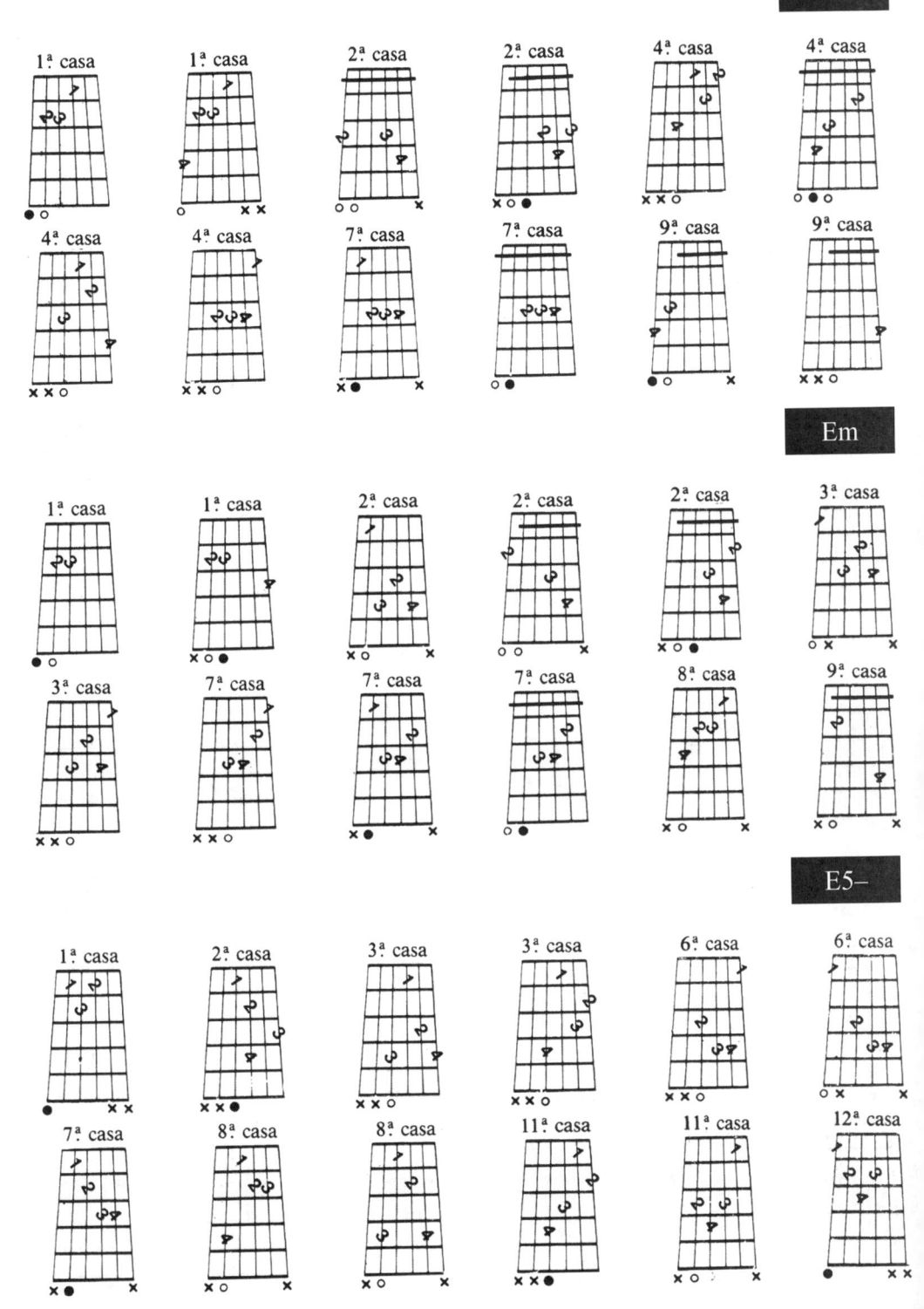

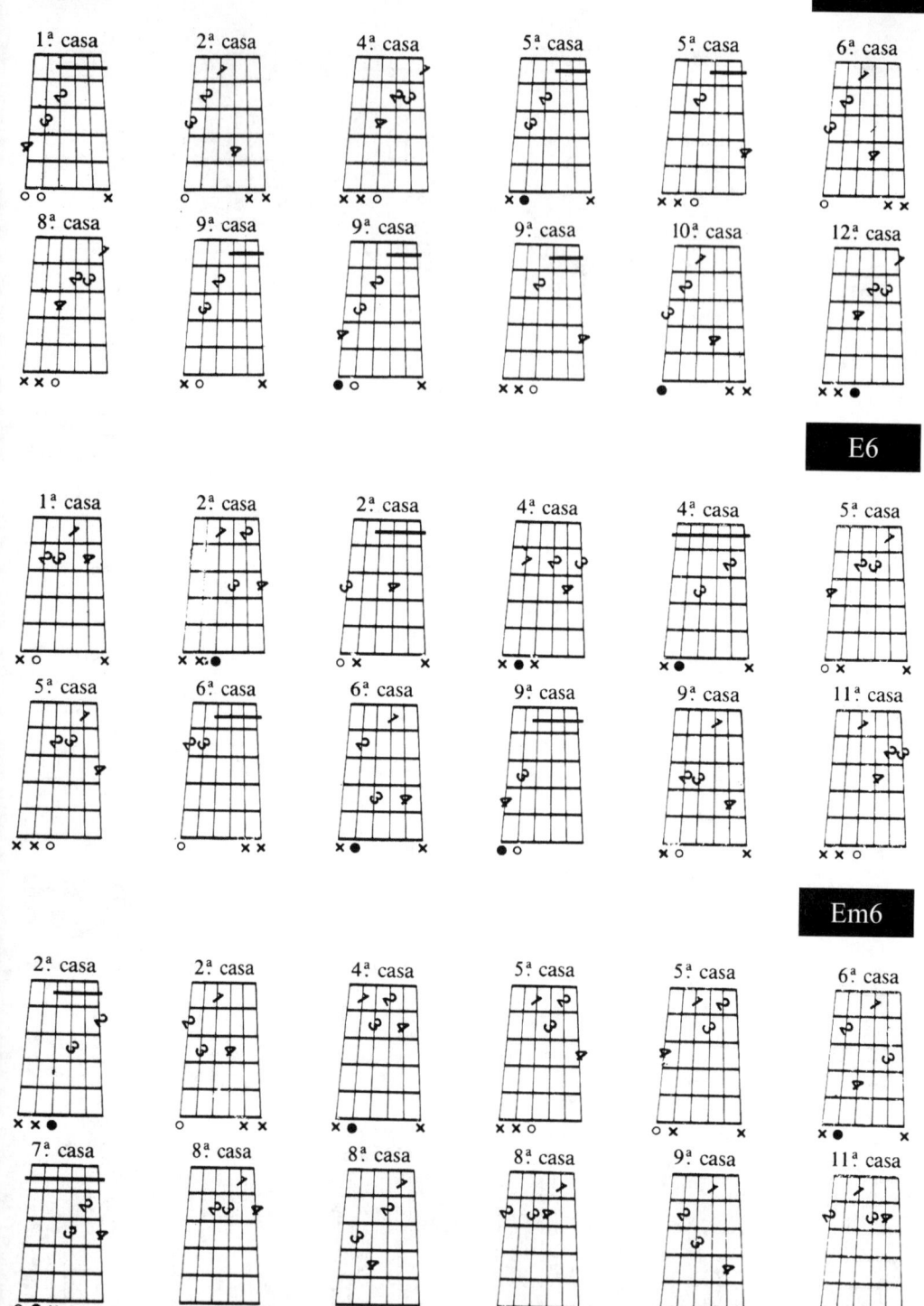

E5+

E6

Em6

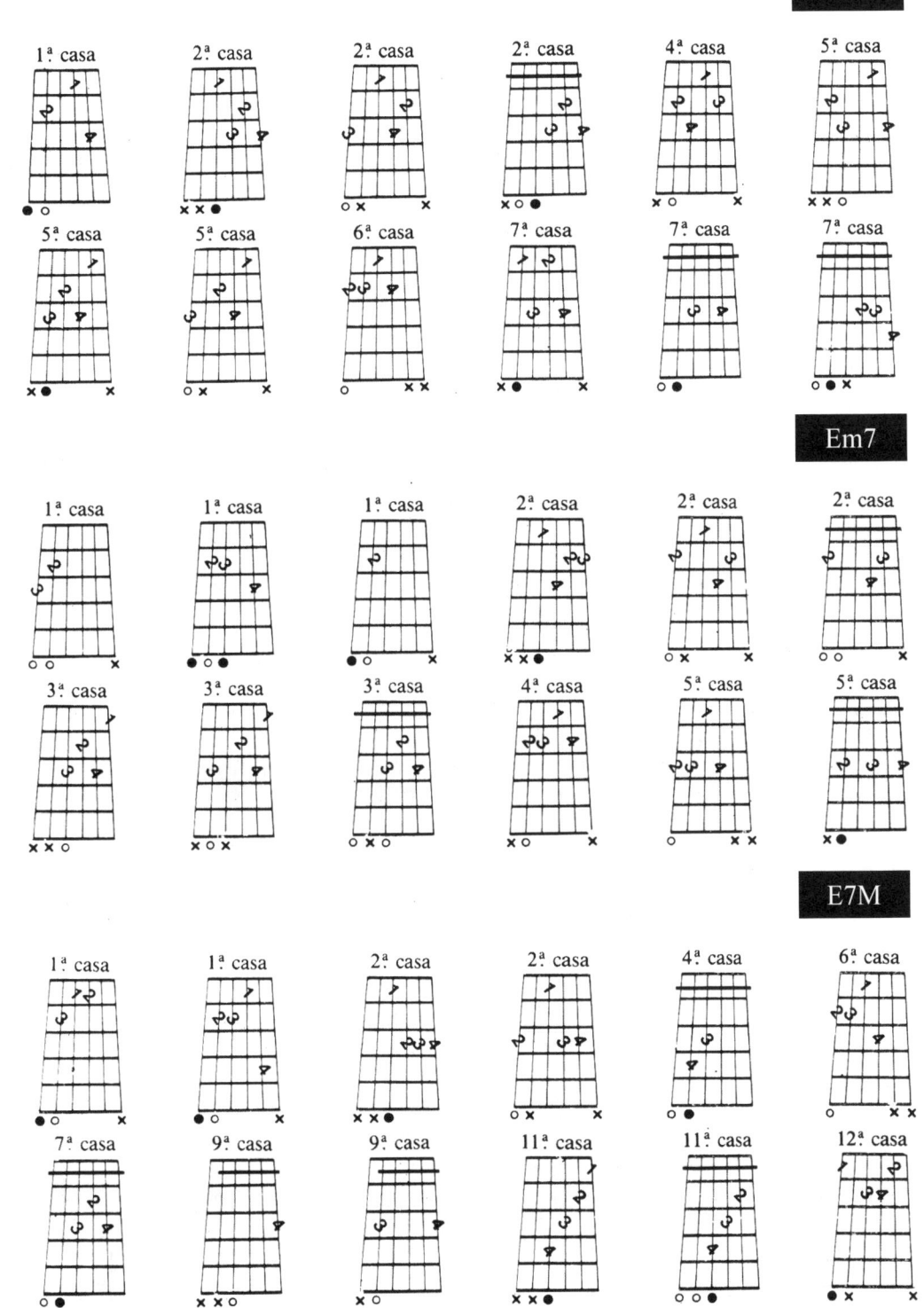

E7

Em7

E7M

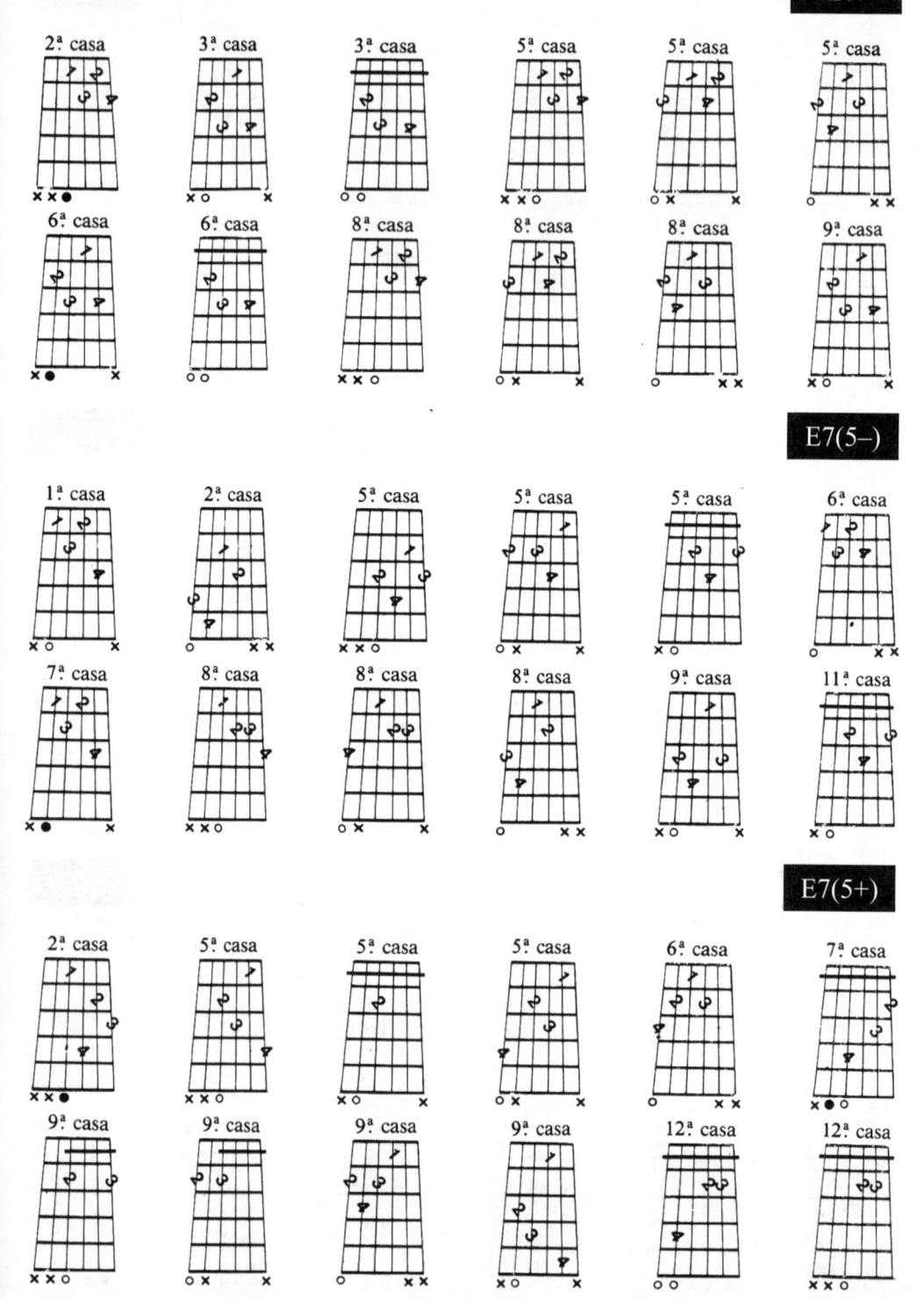

E7°

E7(5−)

E7(5+)

E7(4)

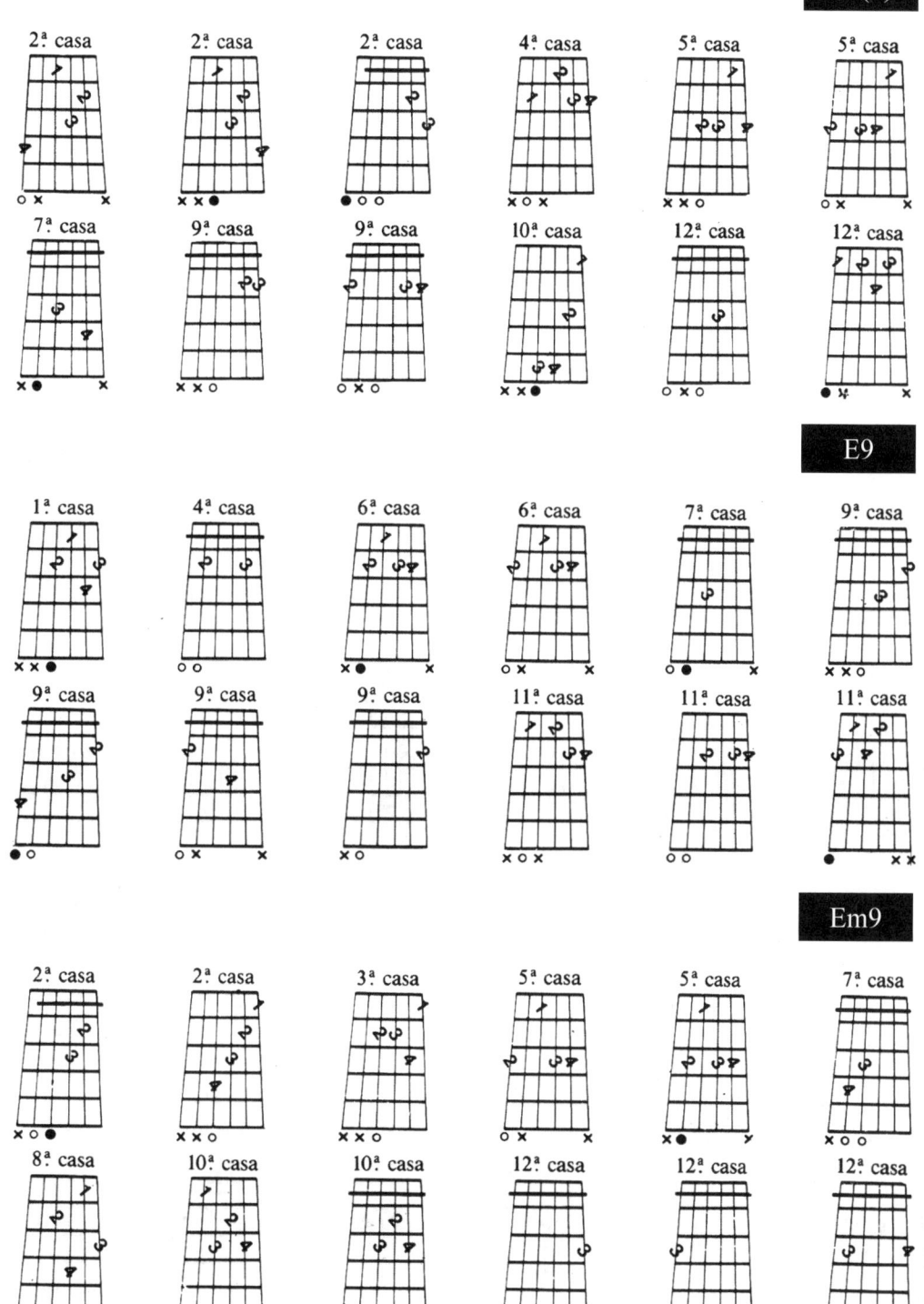

E9

Em9

E9–

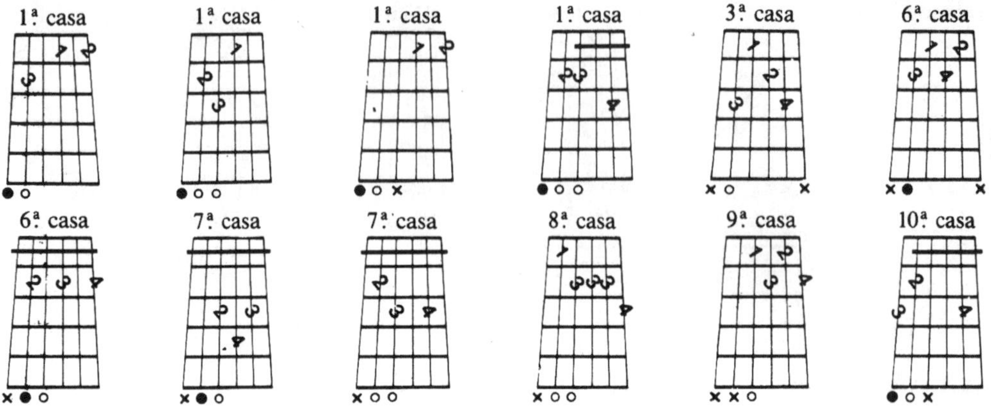
1ª casa
1ª casa
1ª casa
1ª casa
3ª casa
6ª casa
6ª casa
7ª casa
7ª casa
8ª casa
9ª casa
10ª casa

E9+

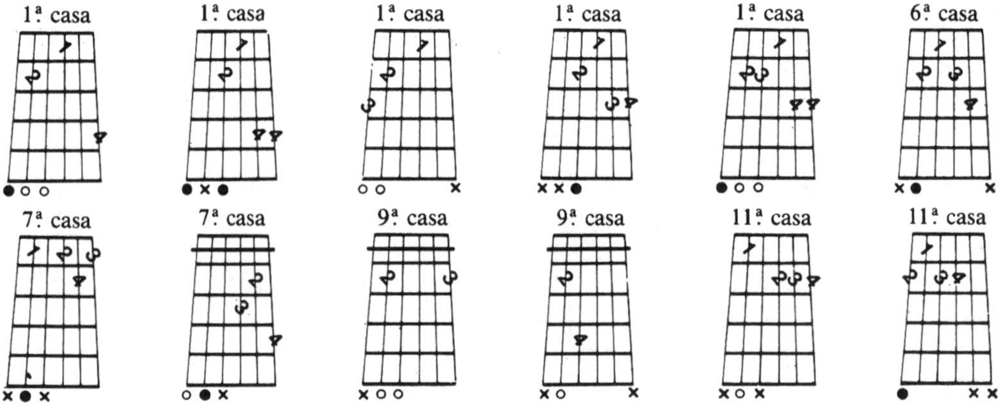
1ª casa
1ª casa
1ª casa
1ª casa
1ª casa
6ª casa
7ª casa
7ª casa
9ª casa
9ª casa
11ª casa
11ª casa

E9(5–)

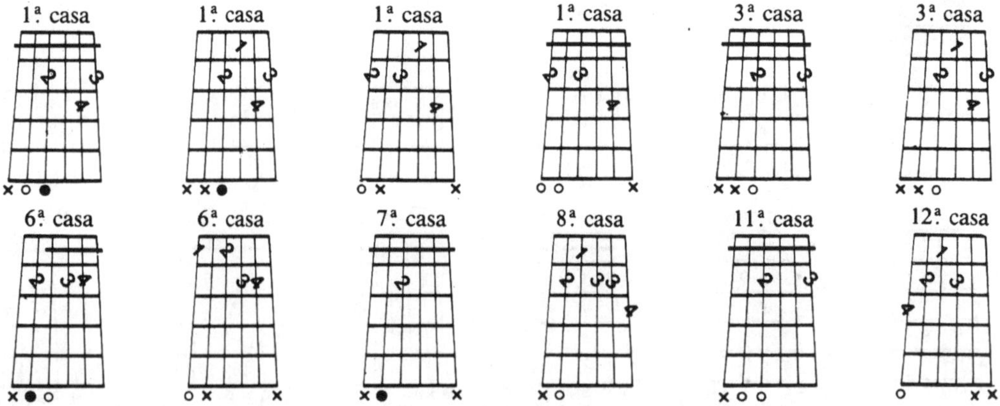
1ª casa
1ª casa
1ª casa
1ª casa
3ª casa
3ª casa
6ª casa
6ª casa
7ª casa
8ª casa
11ª casa
12ª casa

E9(5+)

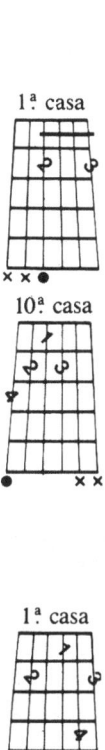

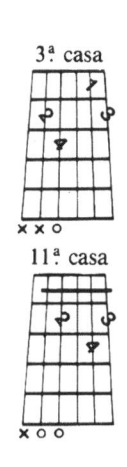

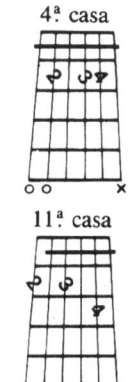

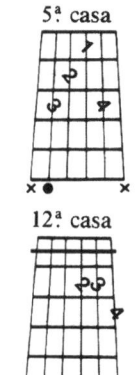

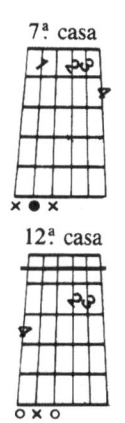

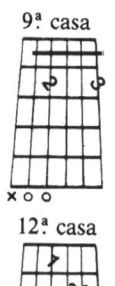

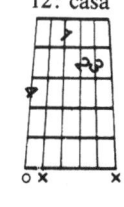

| 1.ª casa | 3.ª casa | 4.ª casa | 5.ª casa | 7.ª casa | 9.ª casa |
| 10.ª casa | 11.ª casa | 11.ª casa | 12.ª casa | 12.ª casa | 12.ª casa |

E9(7M)

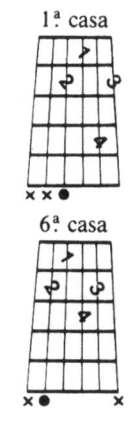

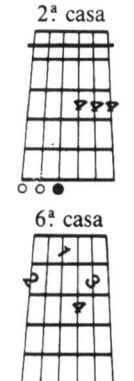

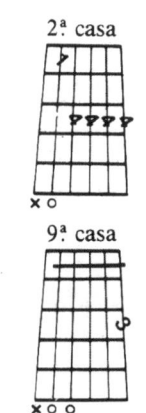

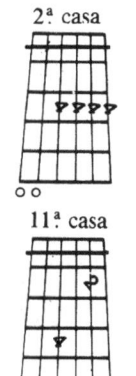

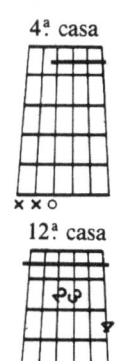

| 1.ª casa | 1.ª casa | 2.ª casa | 2.ª casa | 2.ª casa | 4.ª casa |
| 4.ª casa | 6.ª casa | 6.ª casa | 9.ª casa | 11.ª casa | 12.ª casa |

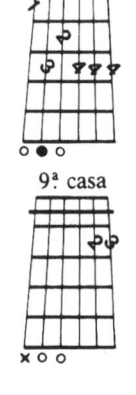

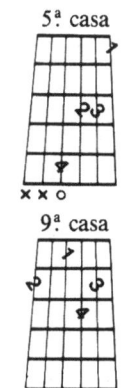

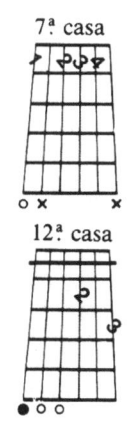

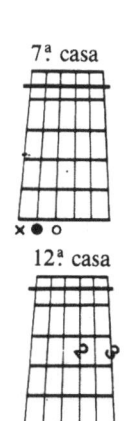

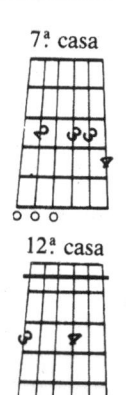

E11

| 2.ª casa | 5.ª casa | 5.ª casa | 7.ª casa | 7.ª casa | 7.ª casa |
| 9.ª casa | 9.ª casa | 9.ª casa | 12.ª casa | 12.ª casa | 12.ª casa |

E11+

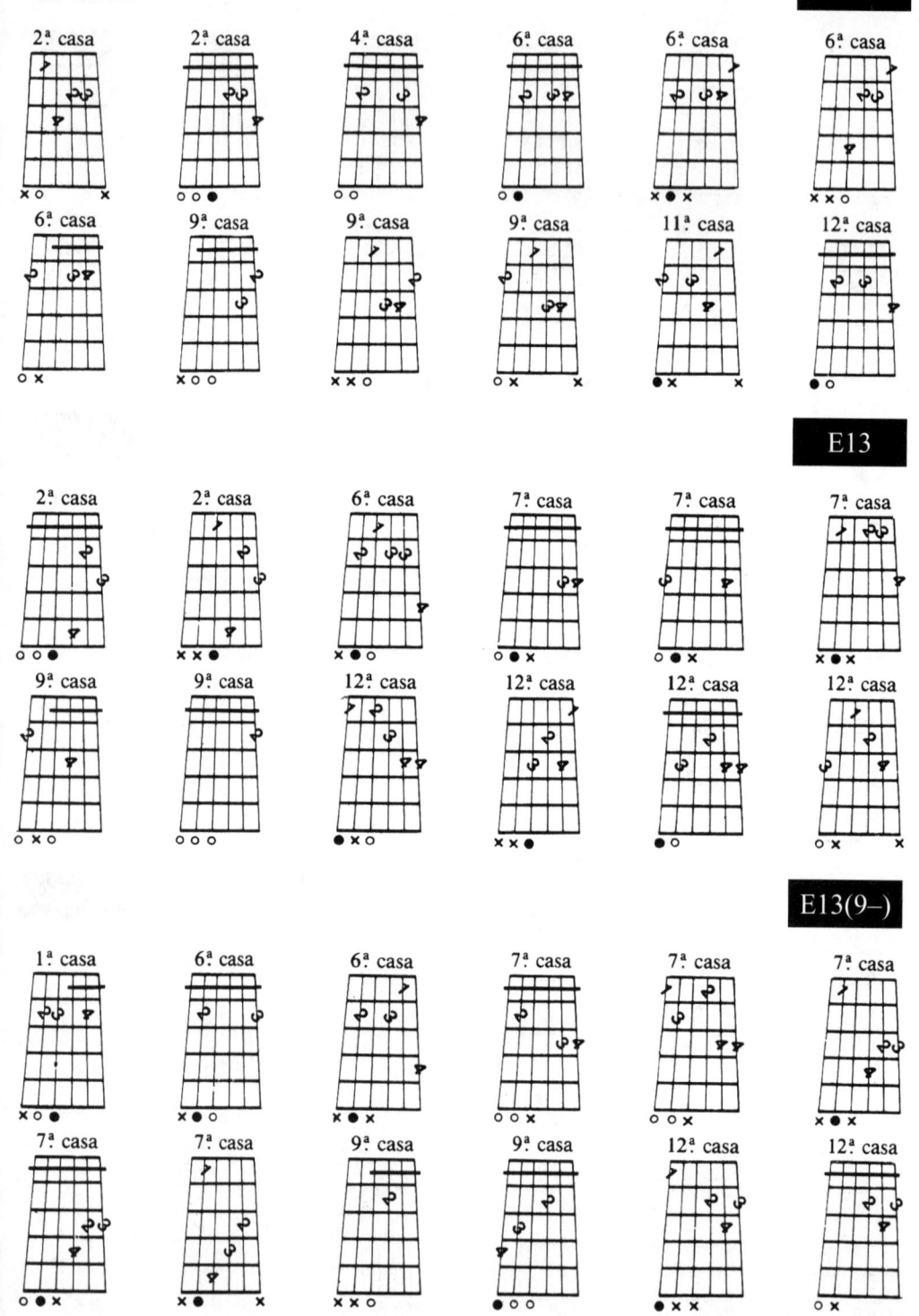

E13

E13(9−)

F

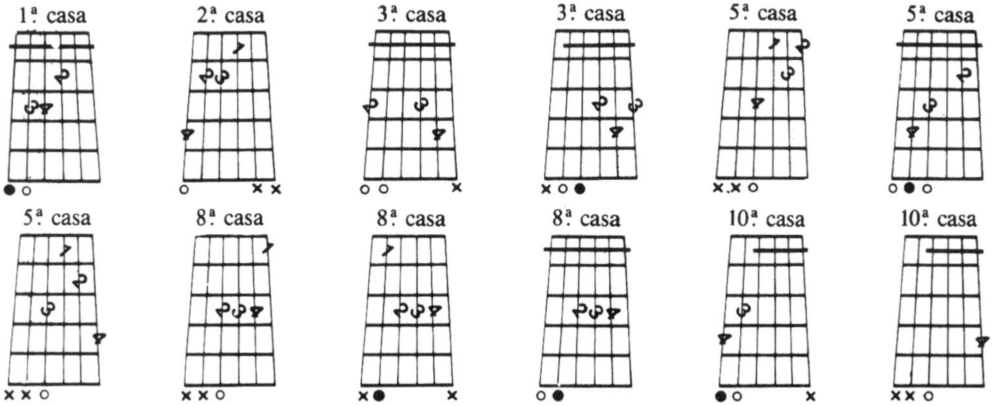
1ª casa
2ª casa
3ª casa
3ª casa
5ª casa
5ª casa
5ª casa
8ª casa
8ª casa
8ª casa
10ª casa
10ª casa

Fm

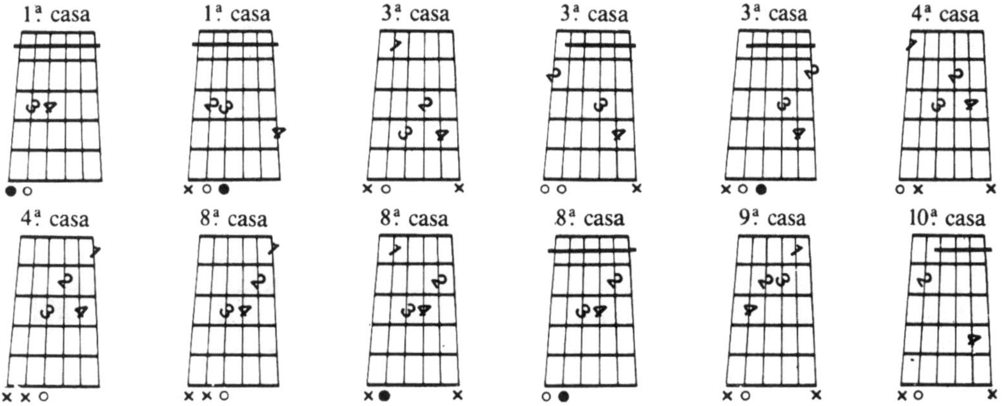
1ª casa
1ª casa
3ª casa
3ª casa
3ª casa
4ª casa
4ª casa
8ª casa
8ª casa
8ª casa
9ª casa
10ª casa

F5–

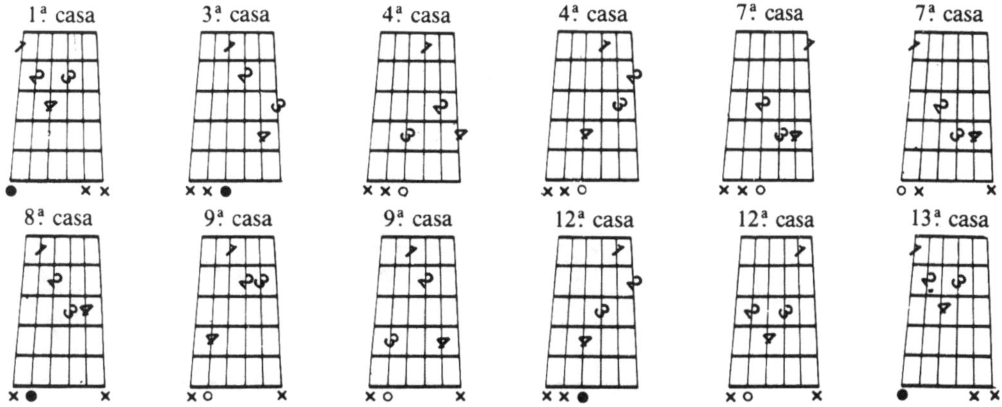
1ª casa
3ª casa
4ª casa
4ª casa
7ª casa
7ª casa
8ª casa
9ª casa
9ª casa
12ª casa
12ª casa
13ª casa

F5+

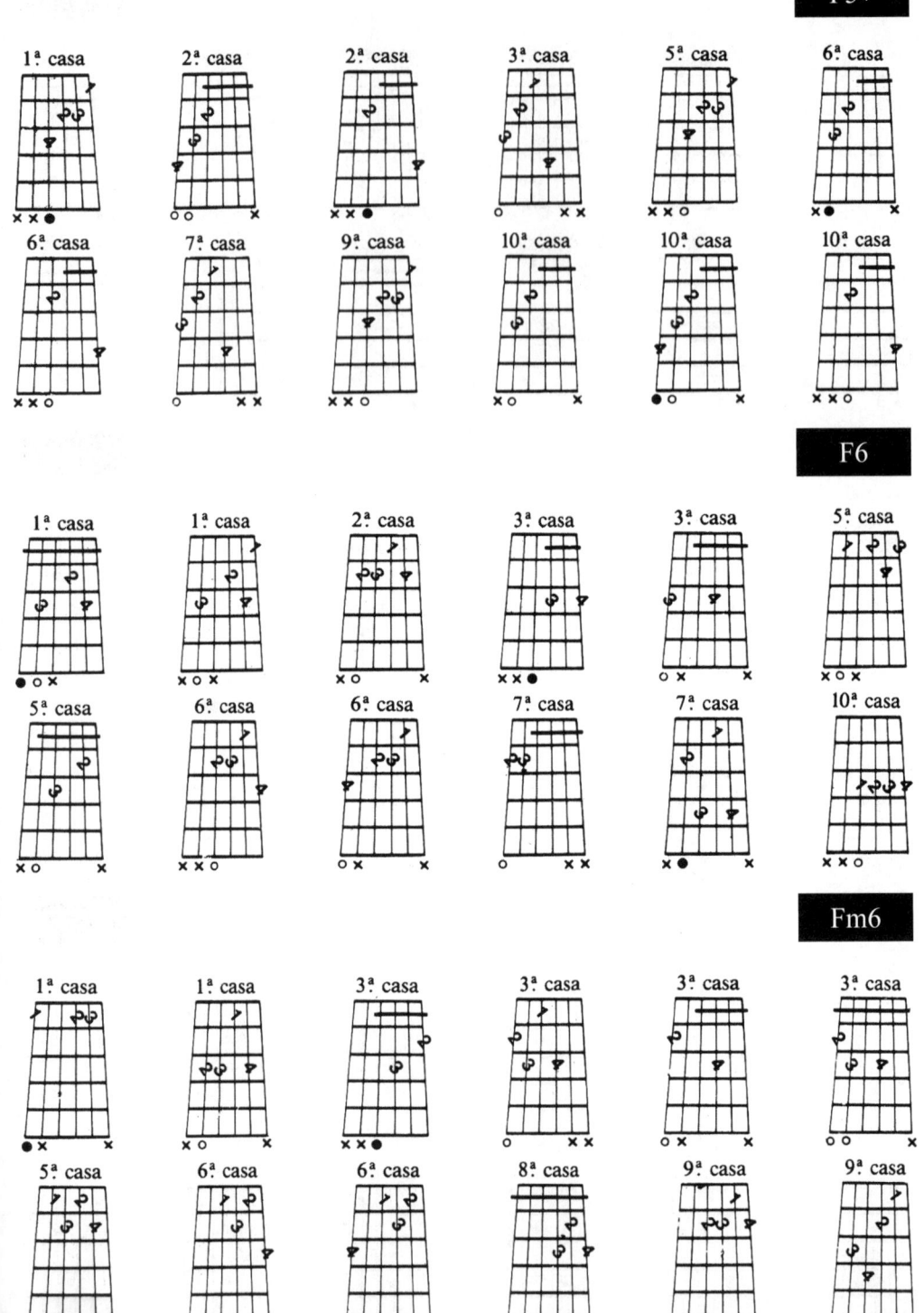

F6

Fm6

F7

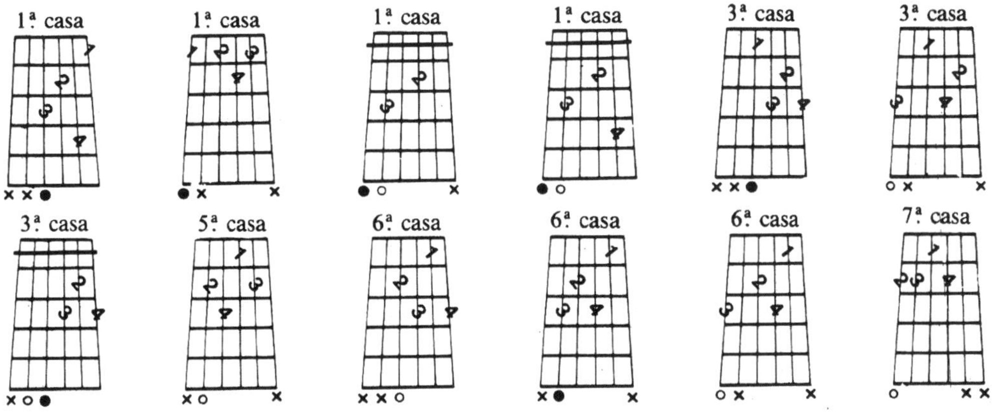
1ª casa
1ª casa
1ª casa
1ª casa
3ª casa
3ª casa
3ª casa
5ª casa
6ª casa
6ª casa
6ª casa
7ª casa

Fm7

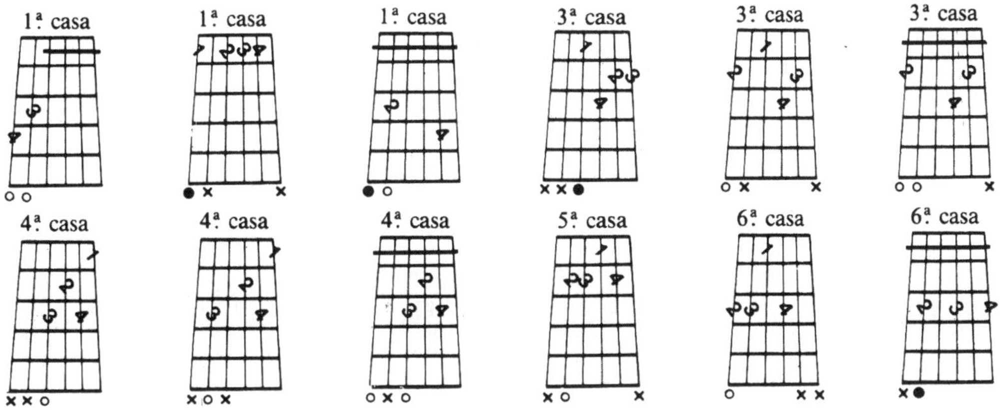
1ª casa
1ª casa
1ª casa
3ª casa
3ª casa
3ª casa
4ª casa
4ª casa
4ª casa
5ª casa
6ª casa
6ª casa

F7M

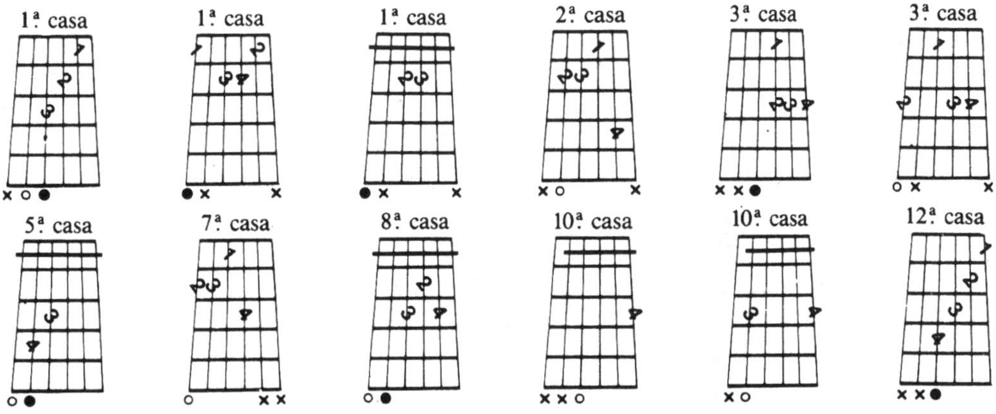
1ª casa
1ª casa
1ª casa
2ª casa
3ª casa
3ª casa
5ª casa
7ª casa
8ª casa
10ª casa
10ª casa
12ª casa

F7°

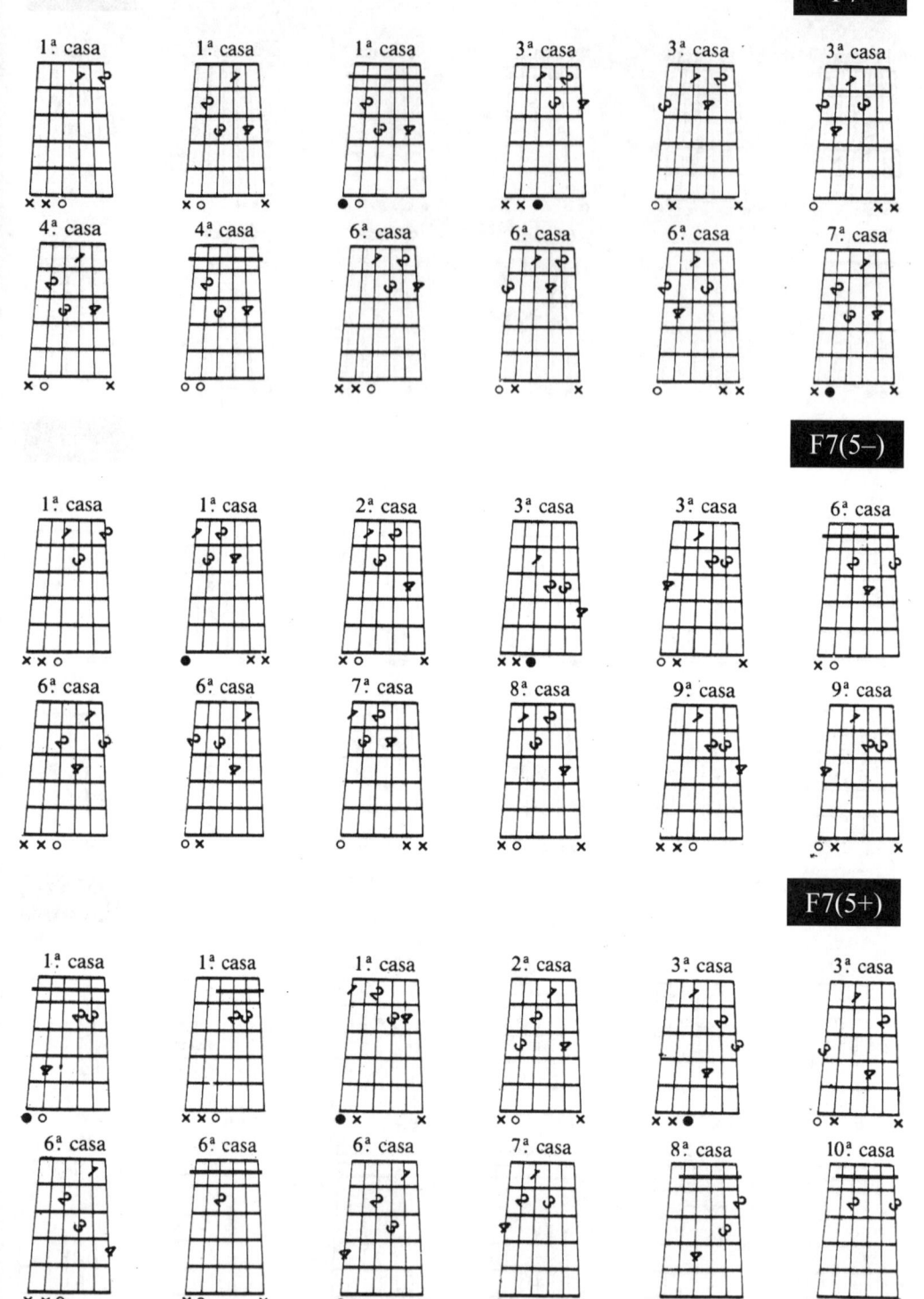

F7(5−)

F7(5+)

F7(4)

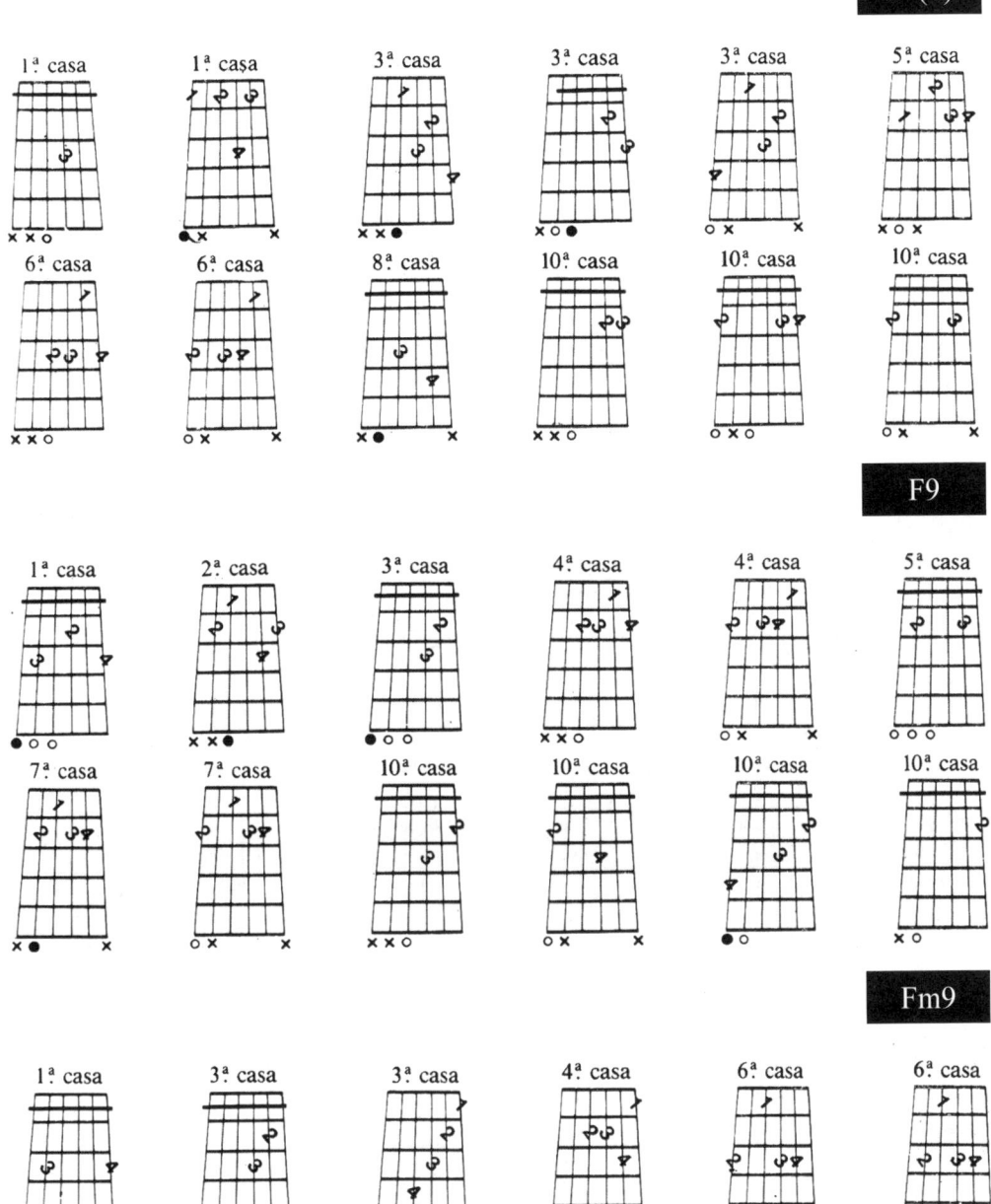

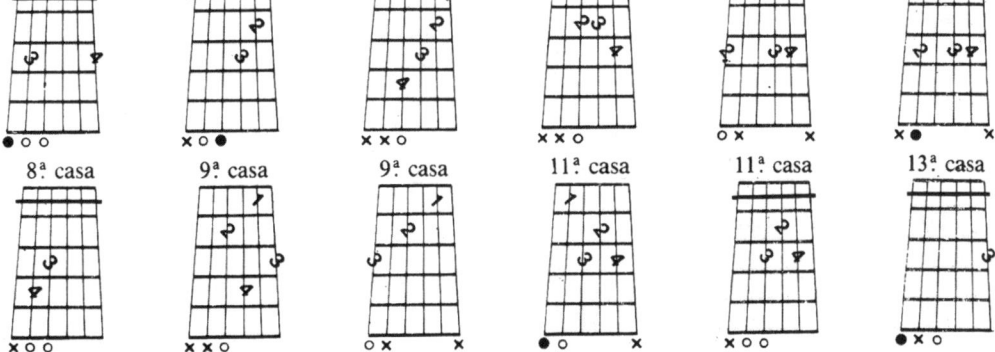

F9

Fm9

F9−

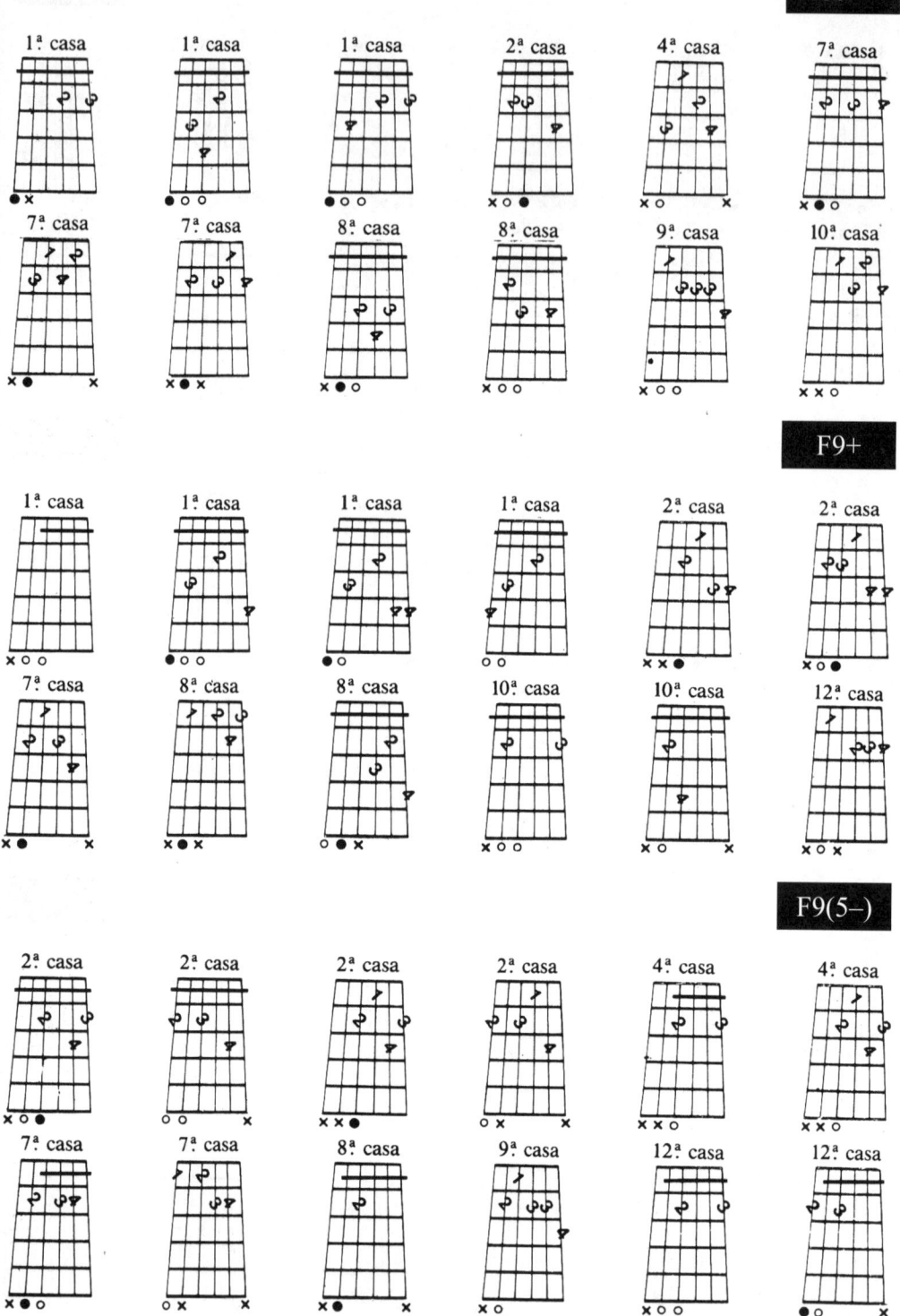

F9+

F9(5−)

F9(5+)

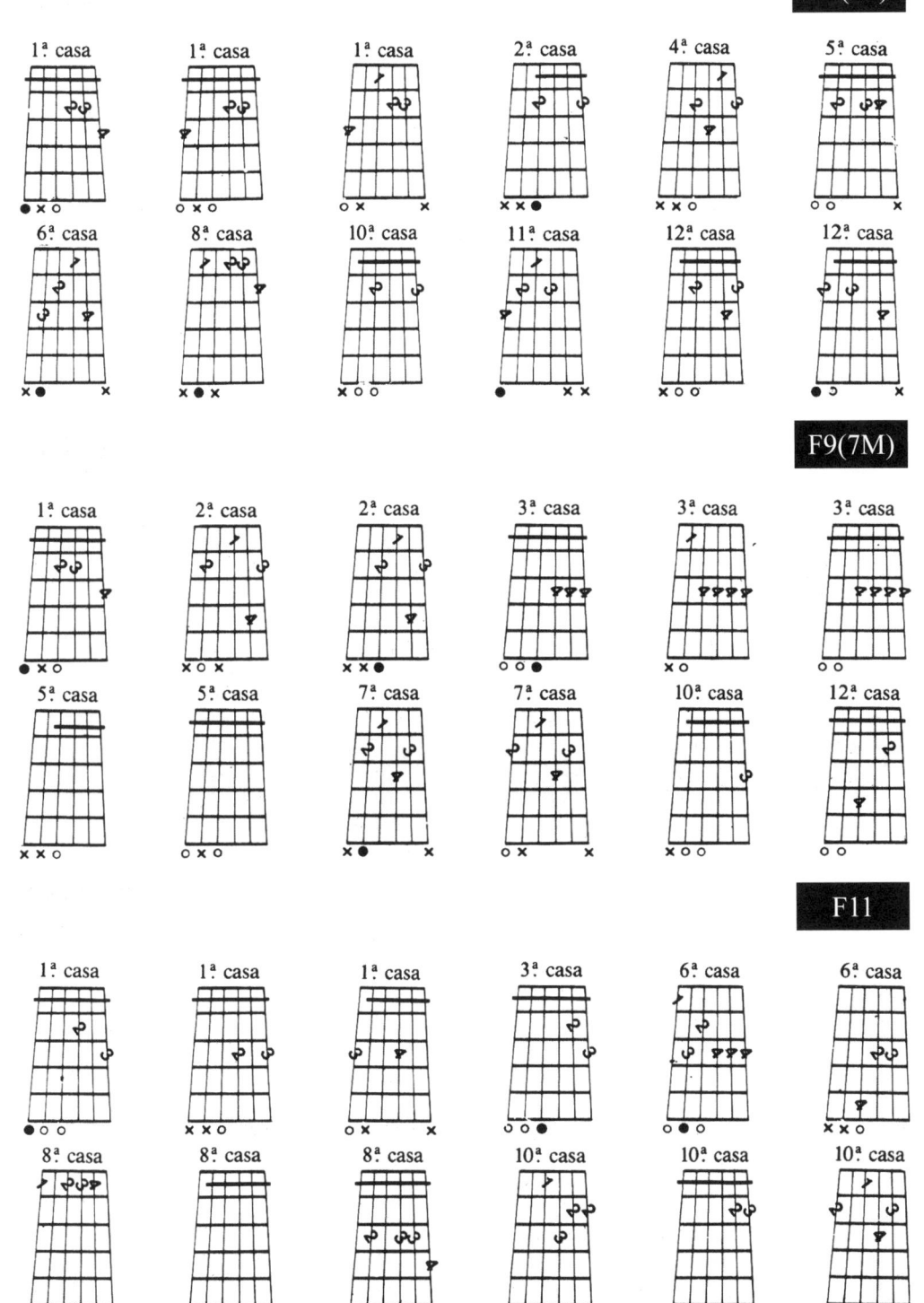

F9(7M)

F11

E11+

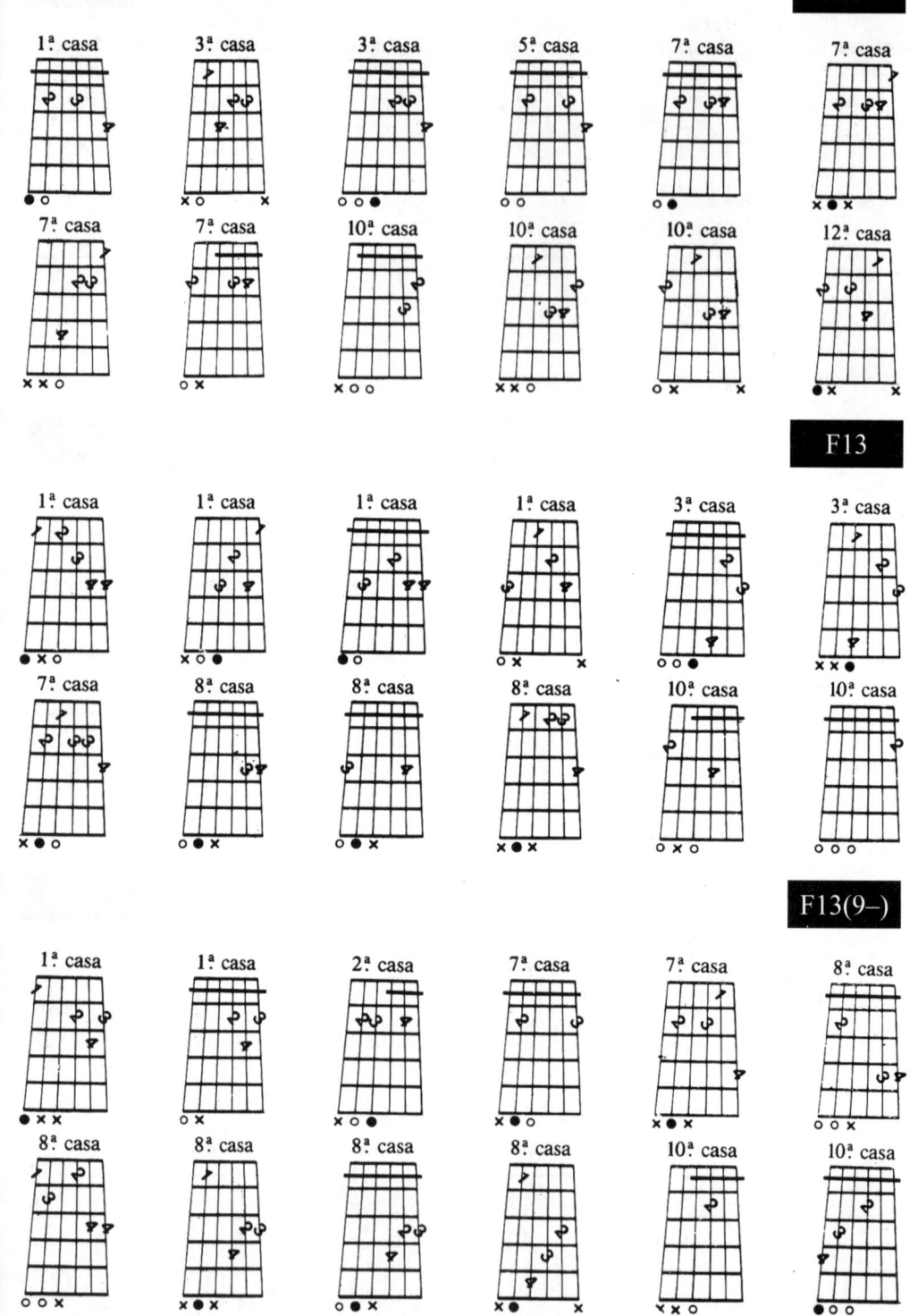

F13

F13(9−)

G♭

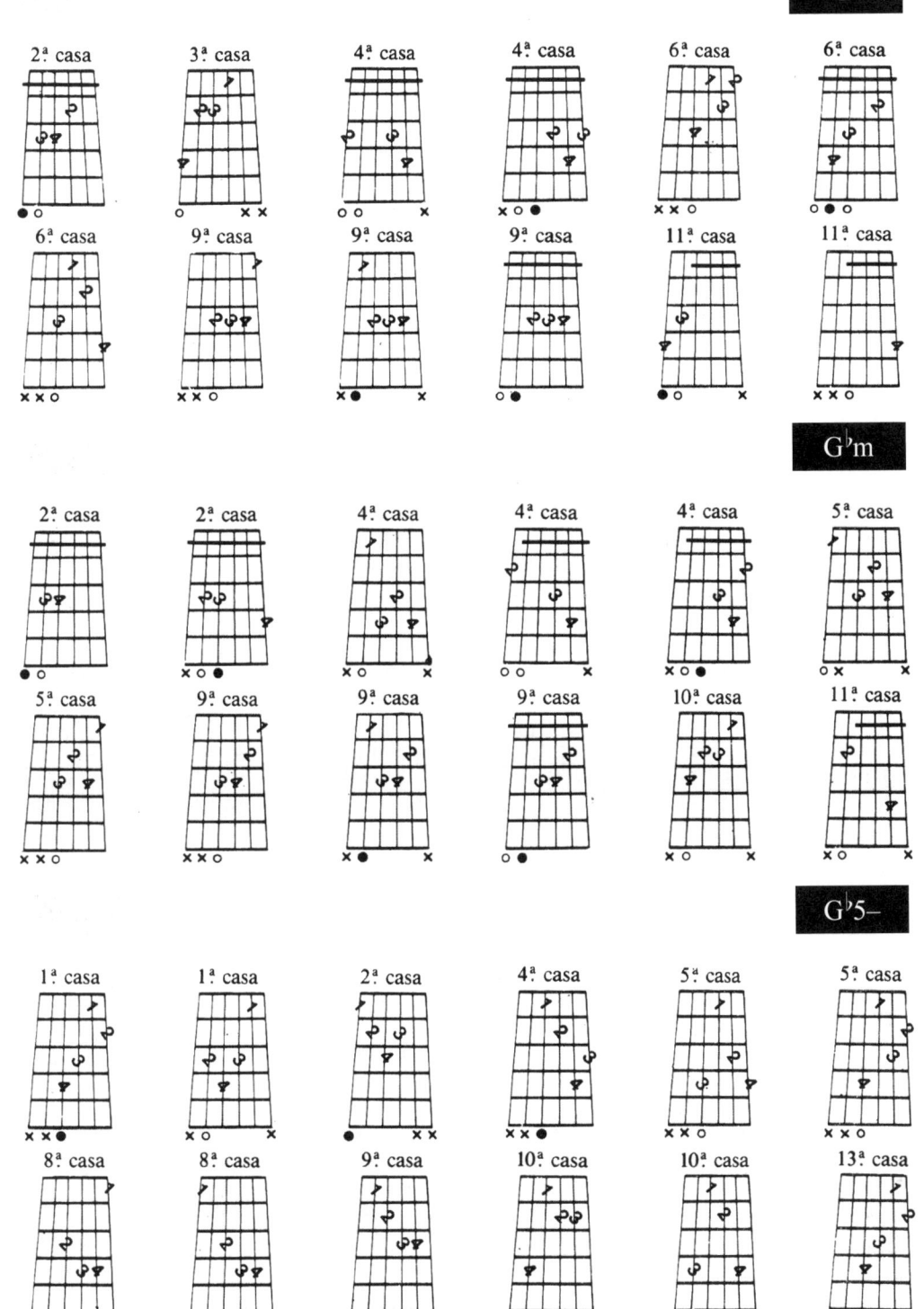

| 2.ª casa | 3.ª casa | 4.ª casa | 4.ª casa | 6.ª casa | 6.ª casa |
| 6.ª casa | 9.ª casa | 9.ª casa | 9.ª casa | 11.ª casa | 11.ª casa |

G♭m

| 2.ª casa | 2.ª casa | 4.ª casa | 4.ª casa | 4.ª casa | 5.ª casa |
| 5.ª casa | 9.ª casa | 9.ª casa | 9.ª casa | 10.ª casa | 11.ª casa |

G♭5−

| 1.ª casa | 1.ª casa | 2.ª casa | 4.ª casa | 5.ª casa | 5.ª casa |
| 8.ª casa | 8.ª casa | 9.ª casa | 10.ª casa | 10.ª casa | 13.ª casa |

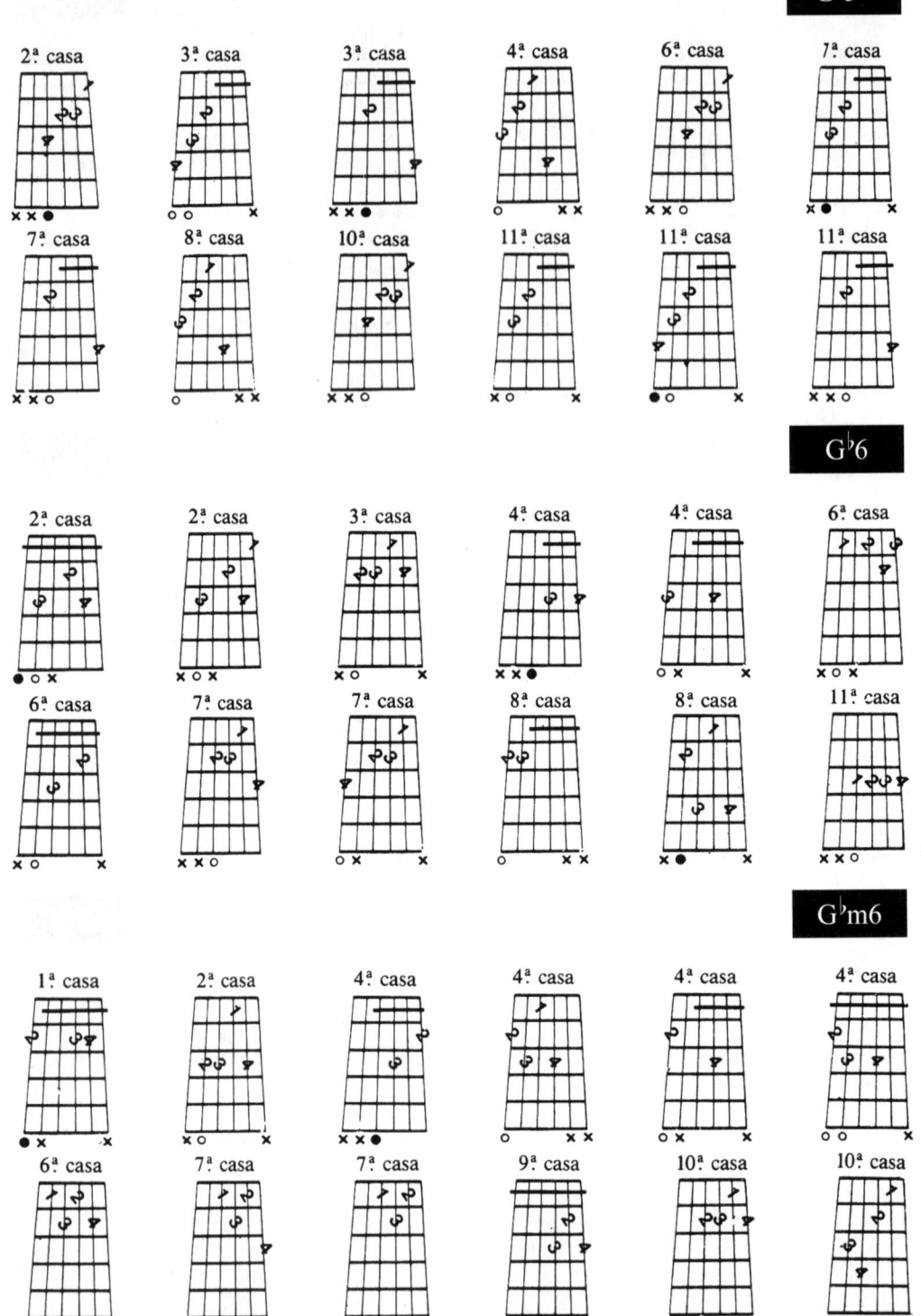

G♭5+

2ª casa	3ª casa	3ª casa	4ª casa	6ª casa	7ª casa
7ª casa	8ª casa	10ª casa	11ª casa	11ª casa	11ª casa

G♭6

2ª casa	2ª casa	3ª casa	4ª casa	4ª casa	6ª casa
6ª casa	7ª casa	7ª casa	8ª casa	8ª casa	11ª casa

G♭m6

1ª casa	2ª casa	4ª casa	4ª casa	4ª casa	4ª casa
6ª casa	7ª casa	7ª casa	9ª casa	10ª casa	10ª casa

G♭7 / G♭m7 / G♭7M

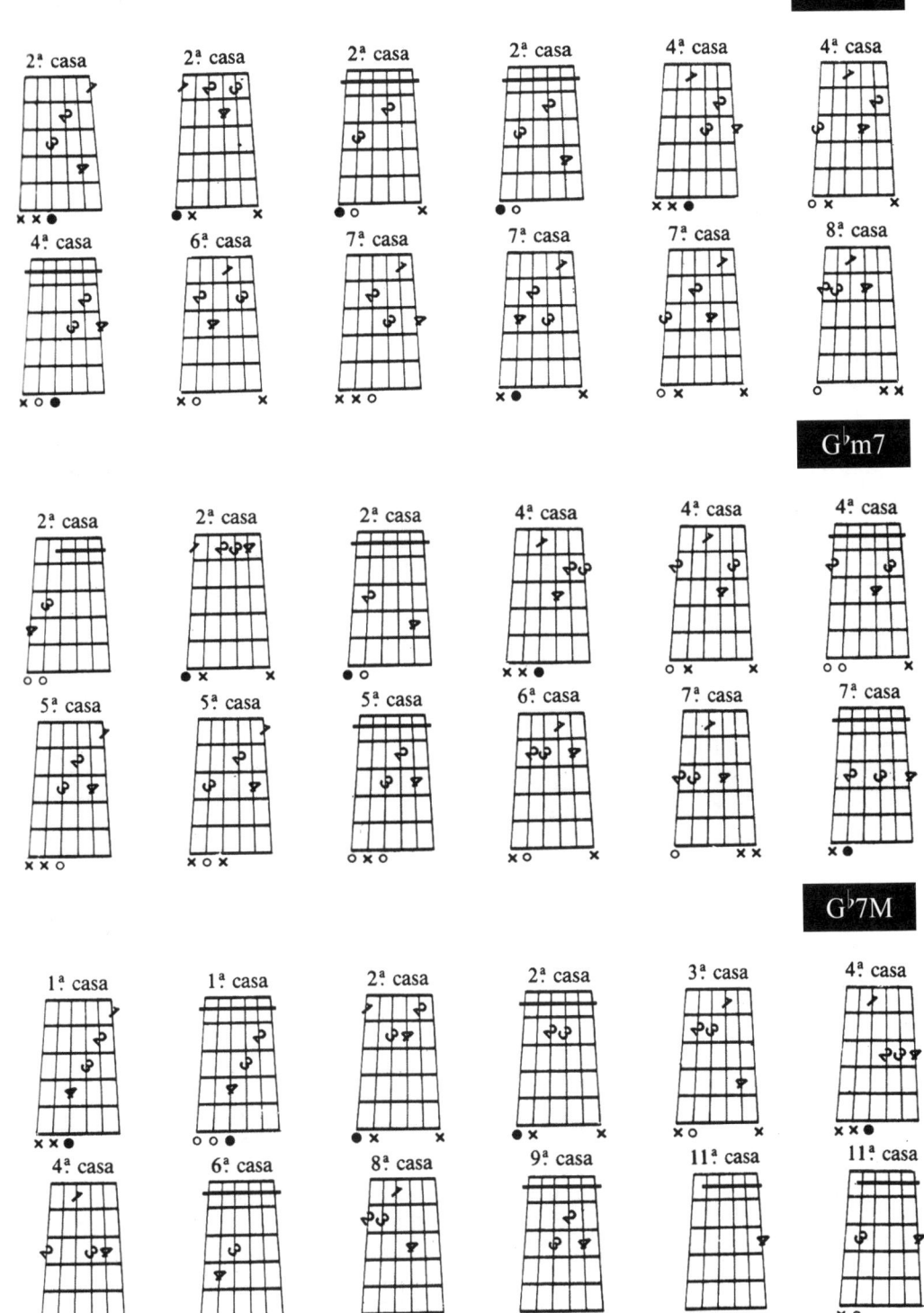

G♭7°

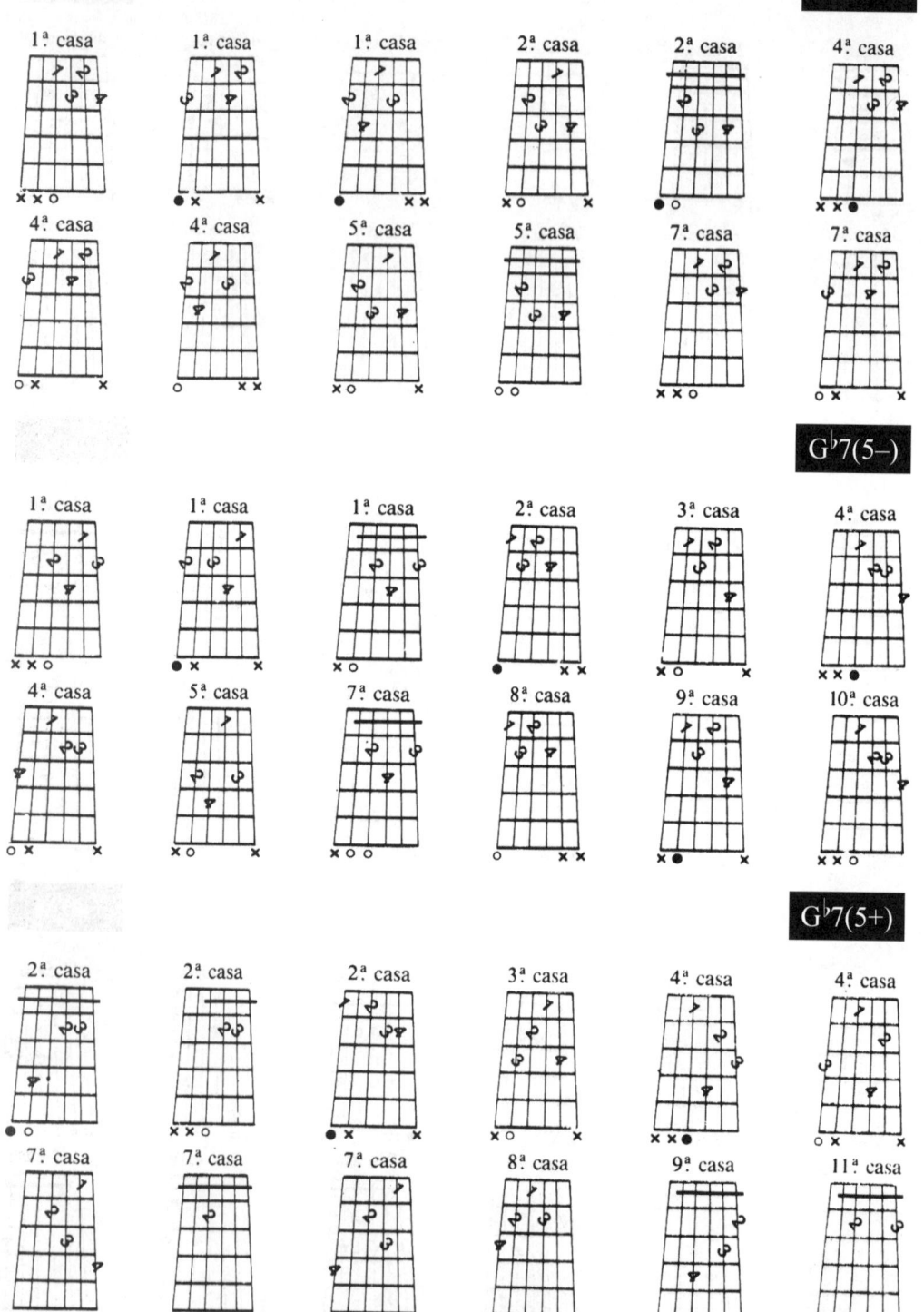

G♭7(5−)

G♭7(5+)

G♭7(4)

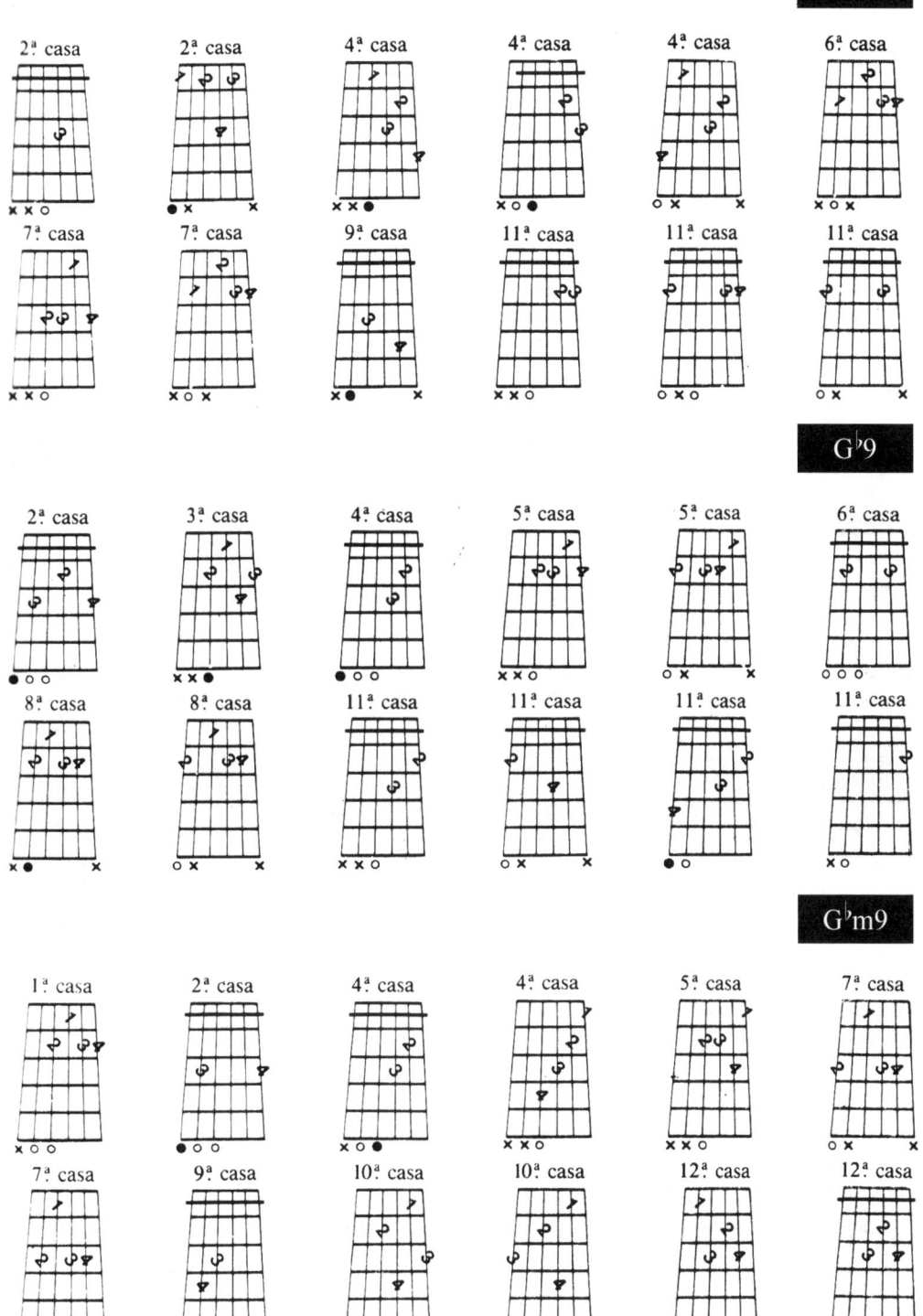

G♭9

G♭m9

G♭9–

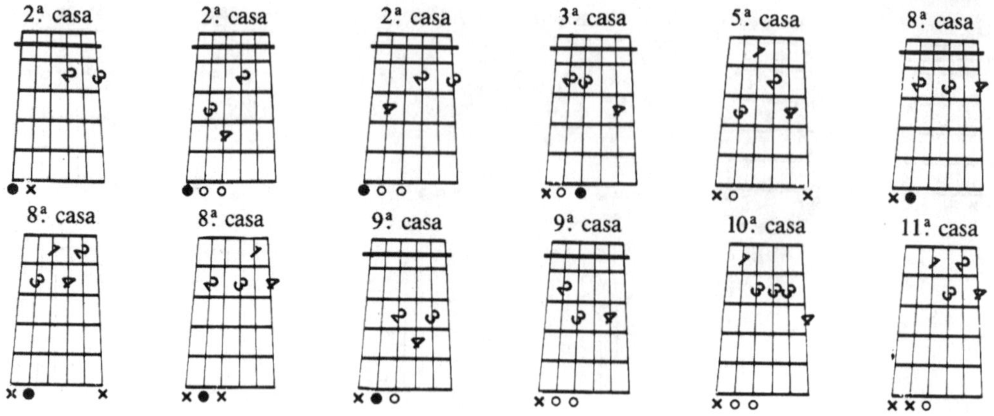
2ª casa
2ª casa
2ª casa
3ª casa
5ª casa
8ª casa
8ª casa
8ª casa
9ª casa
9ª casa
10ª casa
11ª casa

G♭9+

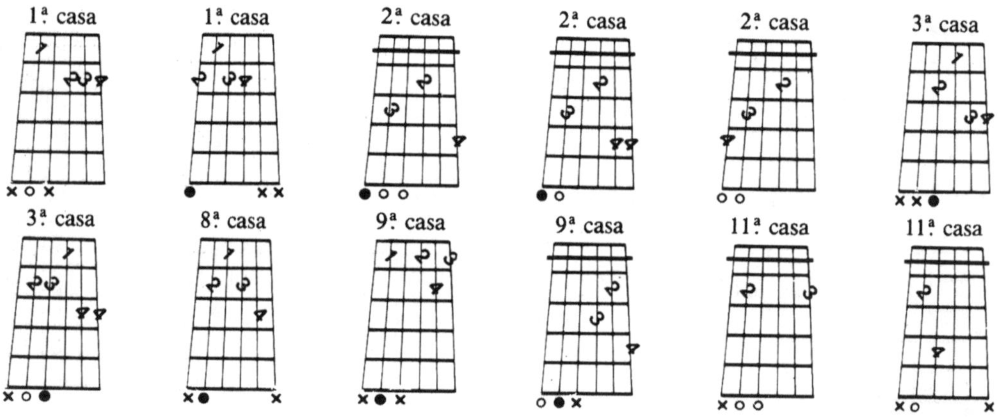
1ª casa
1ª casa
2ª casa
2ª casa
2ª casa
3ª casa
3ª casa
8ª casa
9ª casa
9ª casa
11ª casa
11ª casa

G♭9(5–)

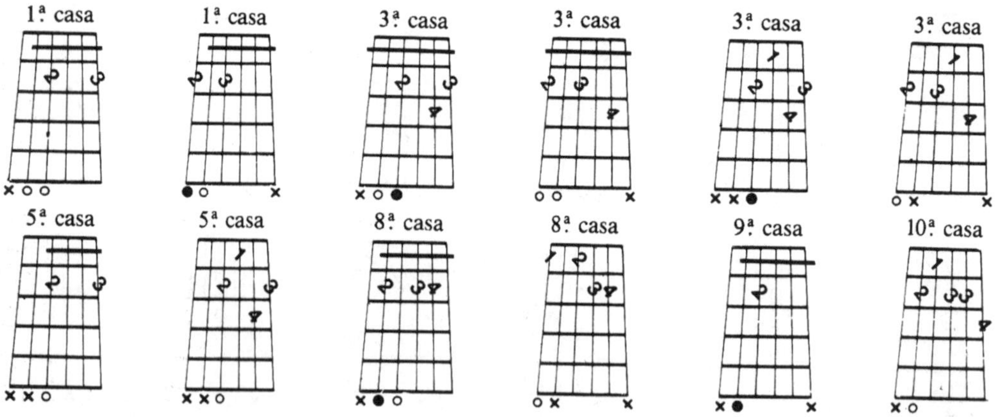
1ª casa
1ª casa
3ª casa
3ª casa
3ª casa
3ª casa
5ª casa
5ª casa
8ª casa
8ª casa
9ª casa
10ª casa

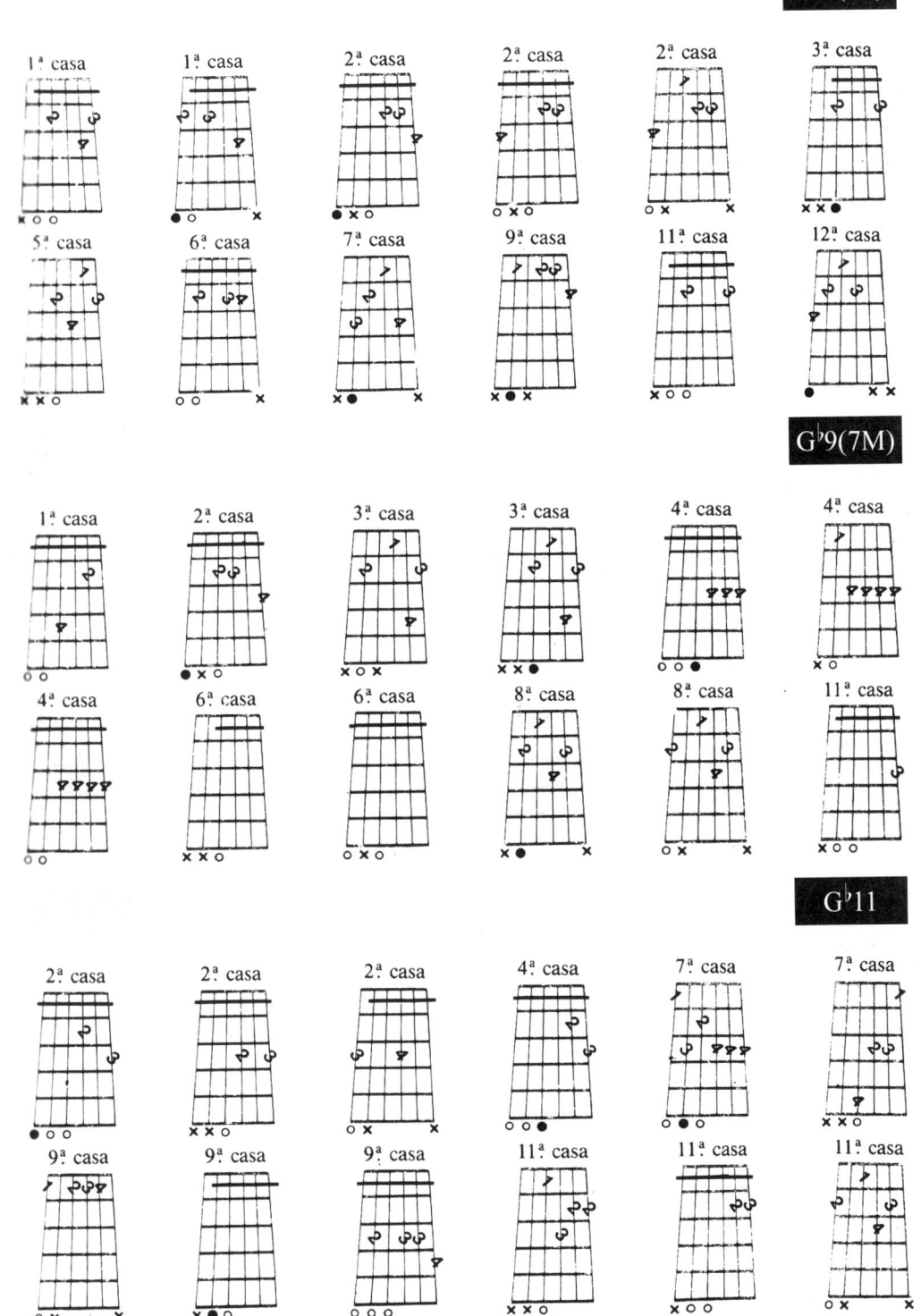

G♭9(5+)

G♭9(7M)

G♭11

G♭11+

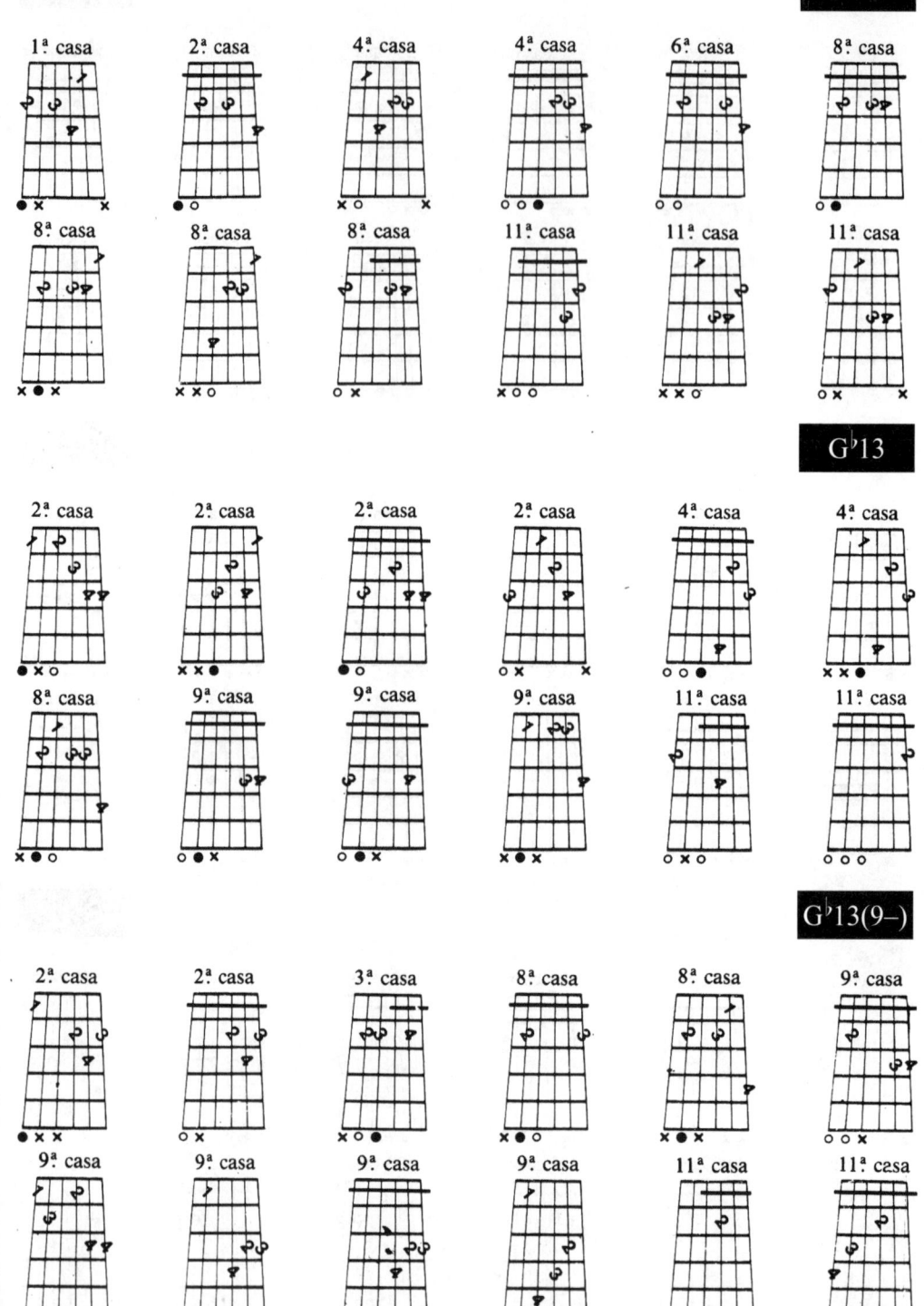

G♭13

G♭13(9−)

G

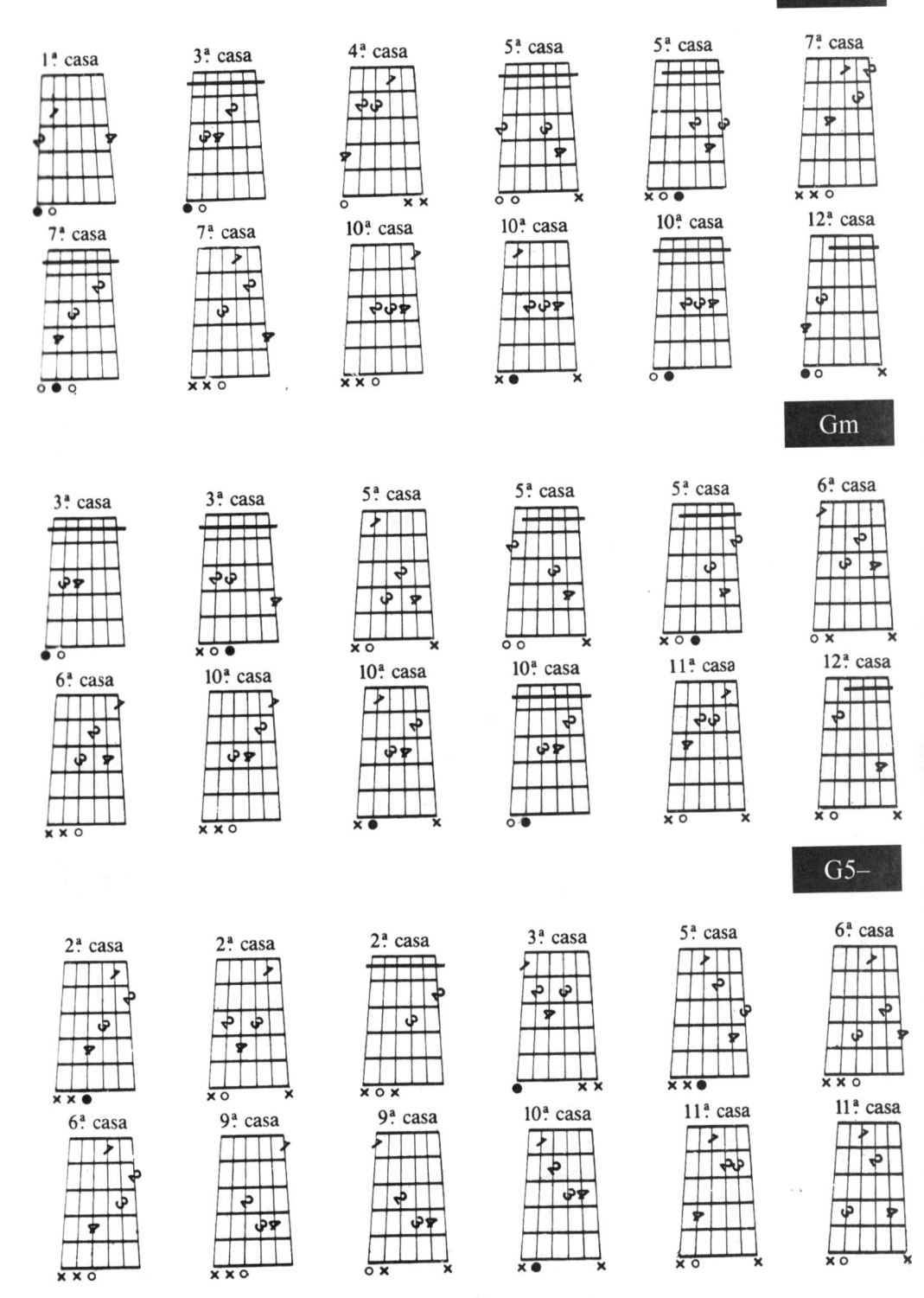

1ª casa	3ª casa	4ª casa	5ª casa	5ª casa	7ª casa
7ª casa	7ª casa	10ª casa	10ª casa	10ª casa	12ª casa

Gm

3ª casa	3ª casa	5ª casa	5ª casa	5ª casa	6ª casa
6ª casa	10ª casa	10ª casa	10ª casa	11ª casa	12ª casa

G5−

2ª casa	2ª casa	2ª casa	3ª casa	5ª casa	6ª casa
6ª casa	9ª casa	9ª casa	10ª casa	11ª casa	11ª casa

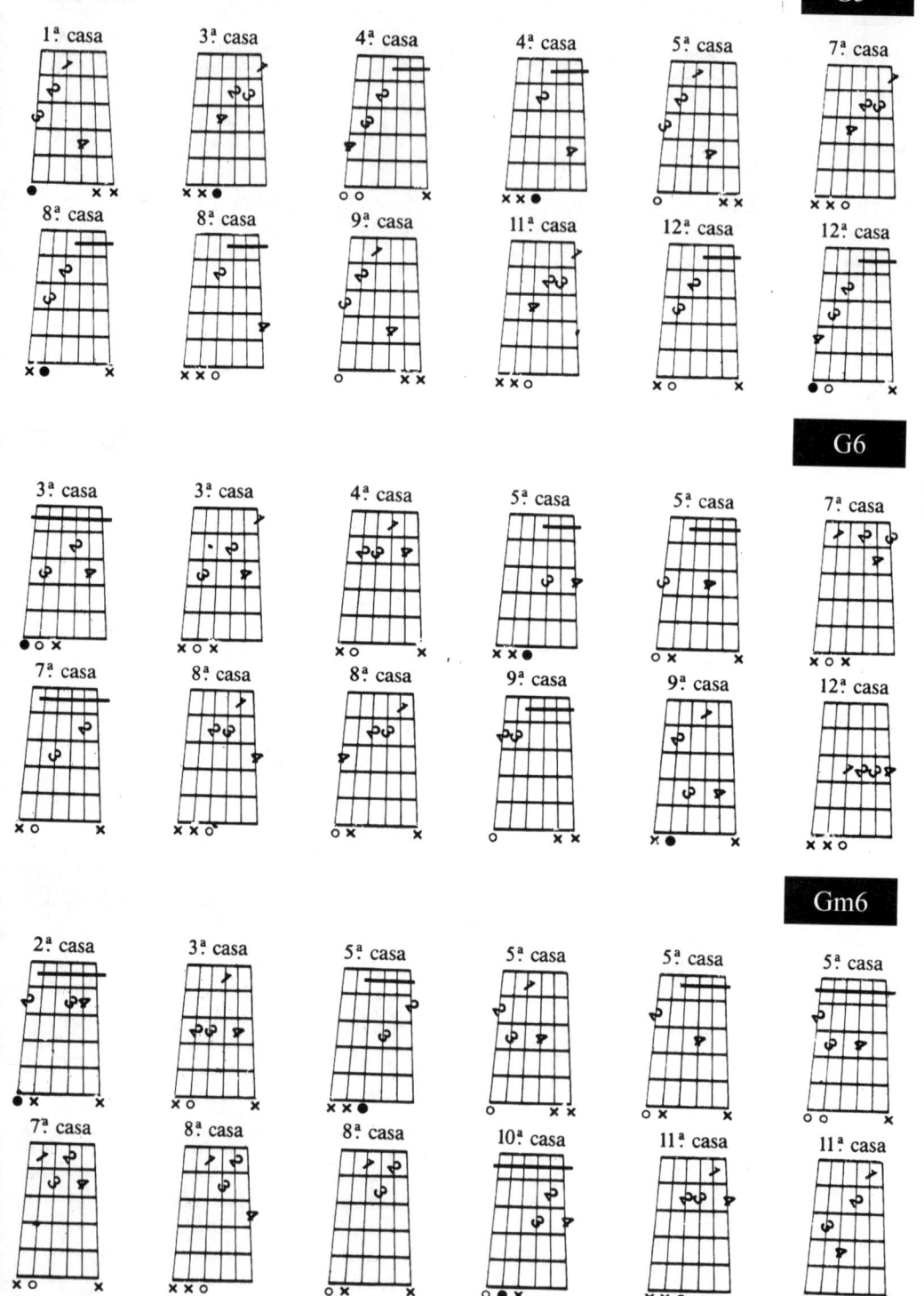

G5+

G6

Gm6

G7

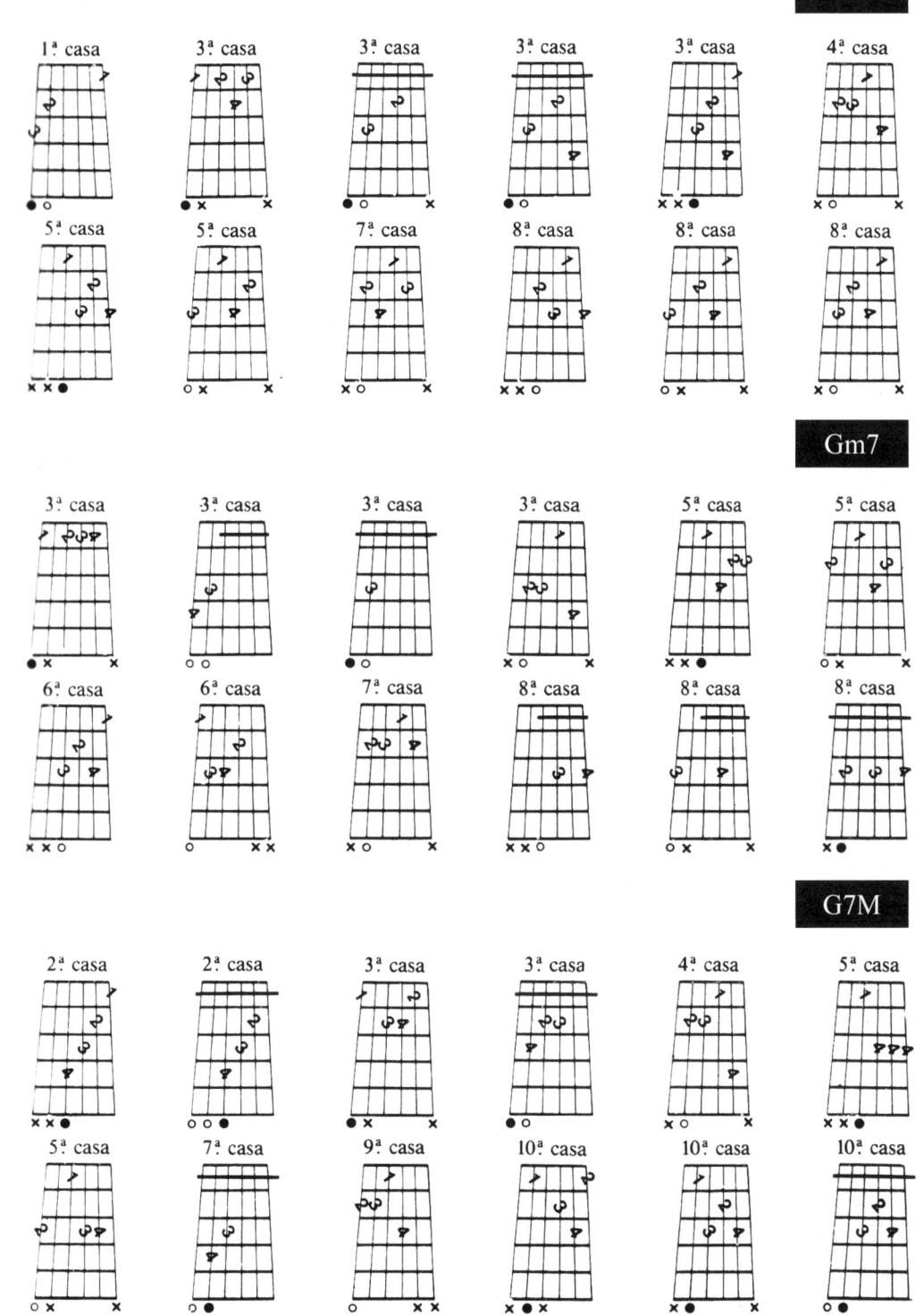

Gm7

G7M

G7°

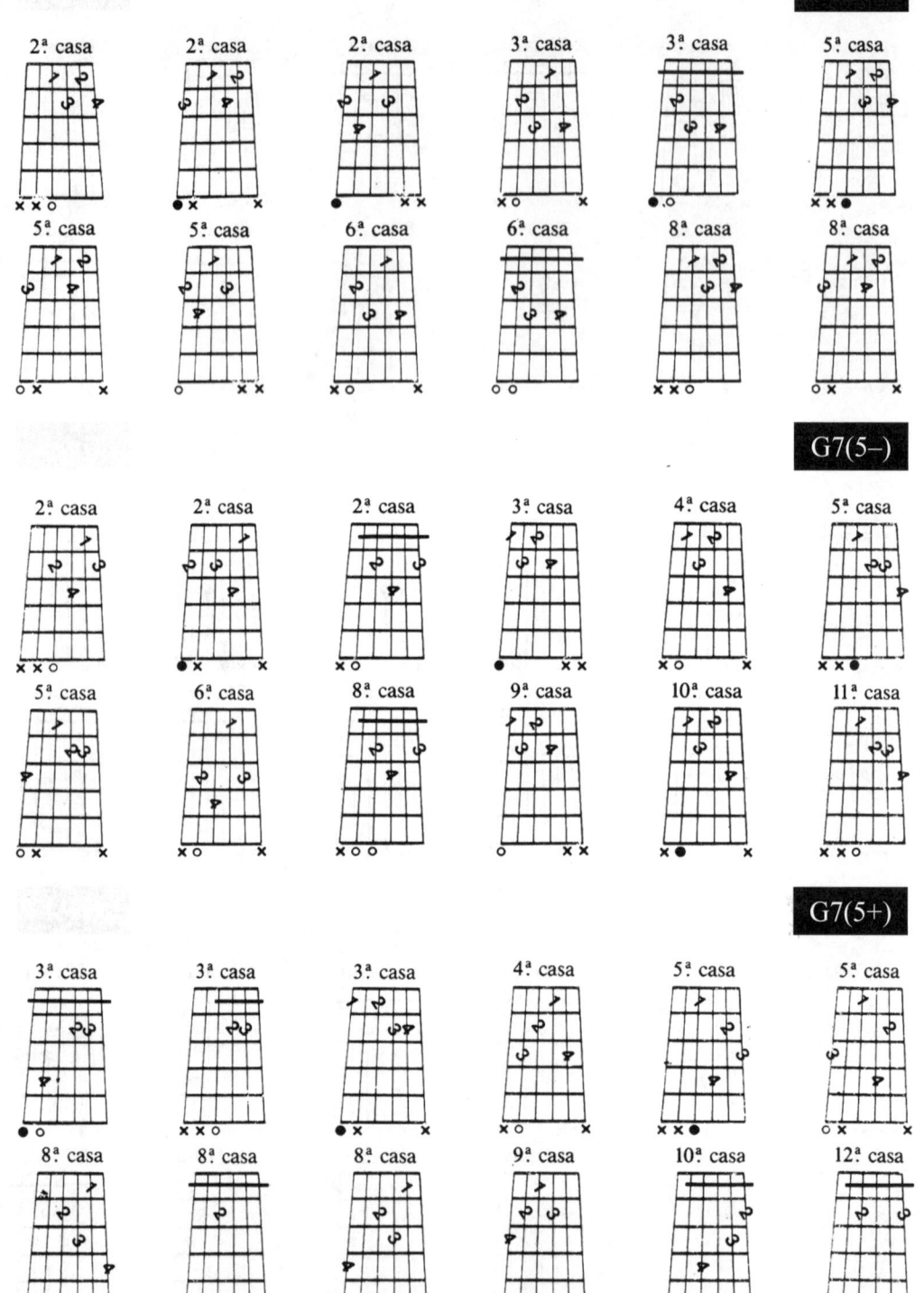

G7(5−)

G7(5+)

G7(4)

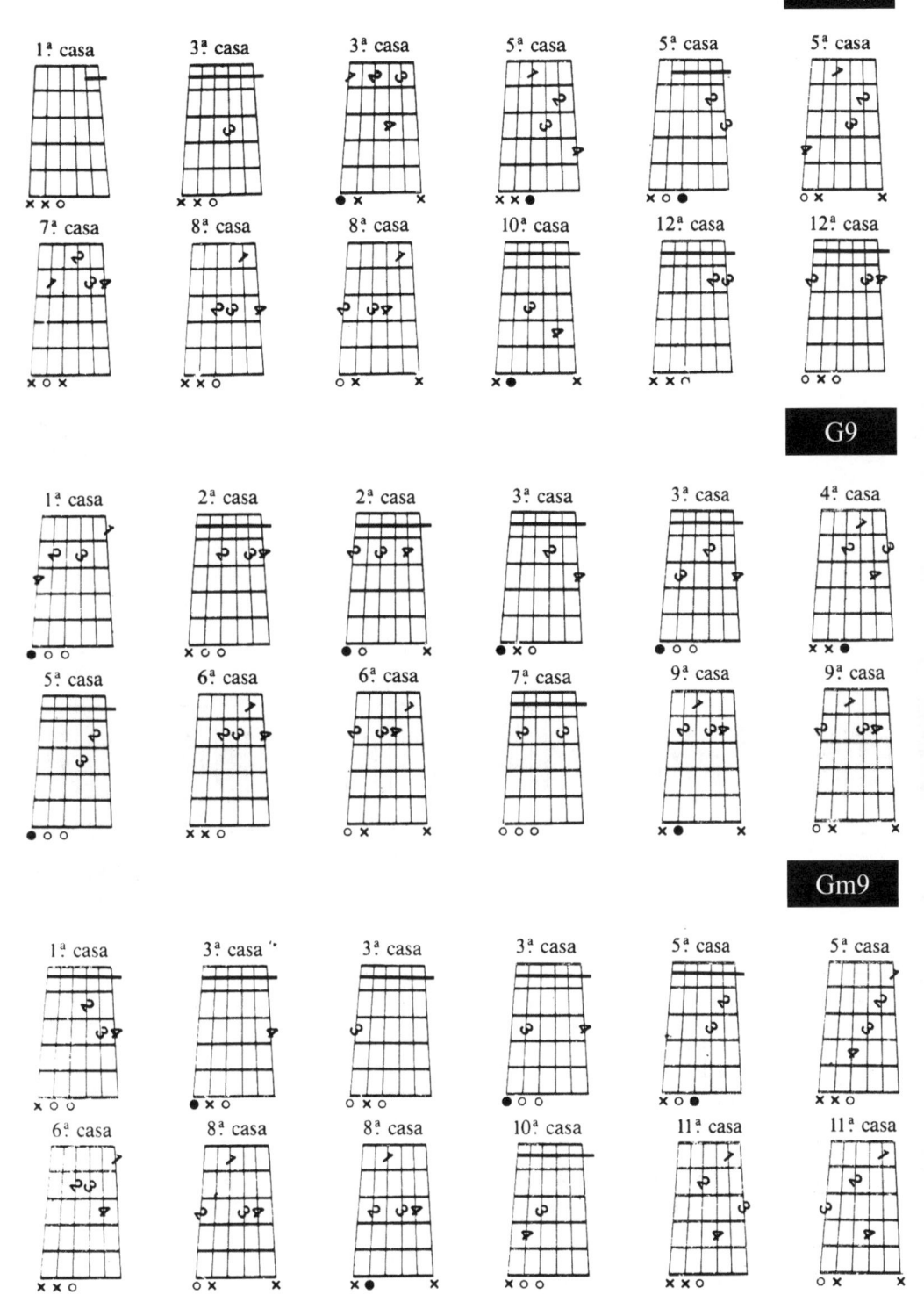

| 1ª casa | 3ª casa | 3ª casa | 5ª casa | 5ª casa | 5ª casa |
| 7ª casa | 8ª casa | 8ª casa | 10ª casa | 12ª casa | 12ª casa |

G9

| 1ª casa | 2ª casa | 2ª casa | 3ª casa | 3ª casa | 4ª casa |
| 5ª casa | 6ª casa | 6ª casa | 7ª casa | 9ª casa | 9ª casa |

Gm9

| 1ª casa | 3ª casa | 3ª casa | 3ª casa | 5ª casa | 5ª casa |
| 6ª casa | 8ª casa | 8ª casa | 10ª casa | 11ª casa | 11ª casa |

G9−

G9+

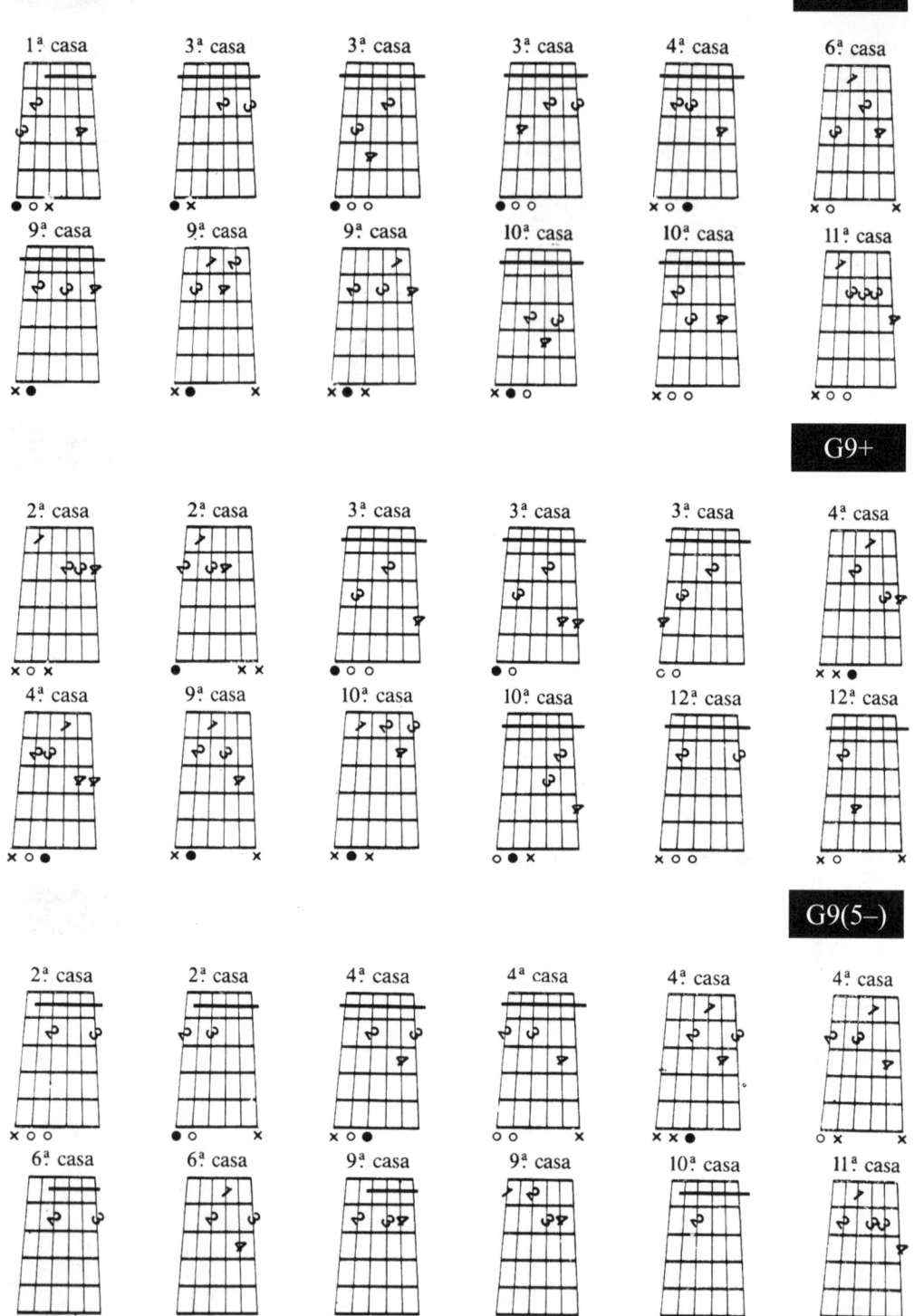

G9(5−)

G9(5+)

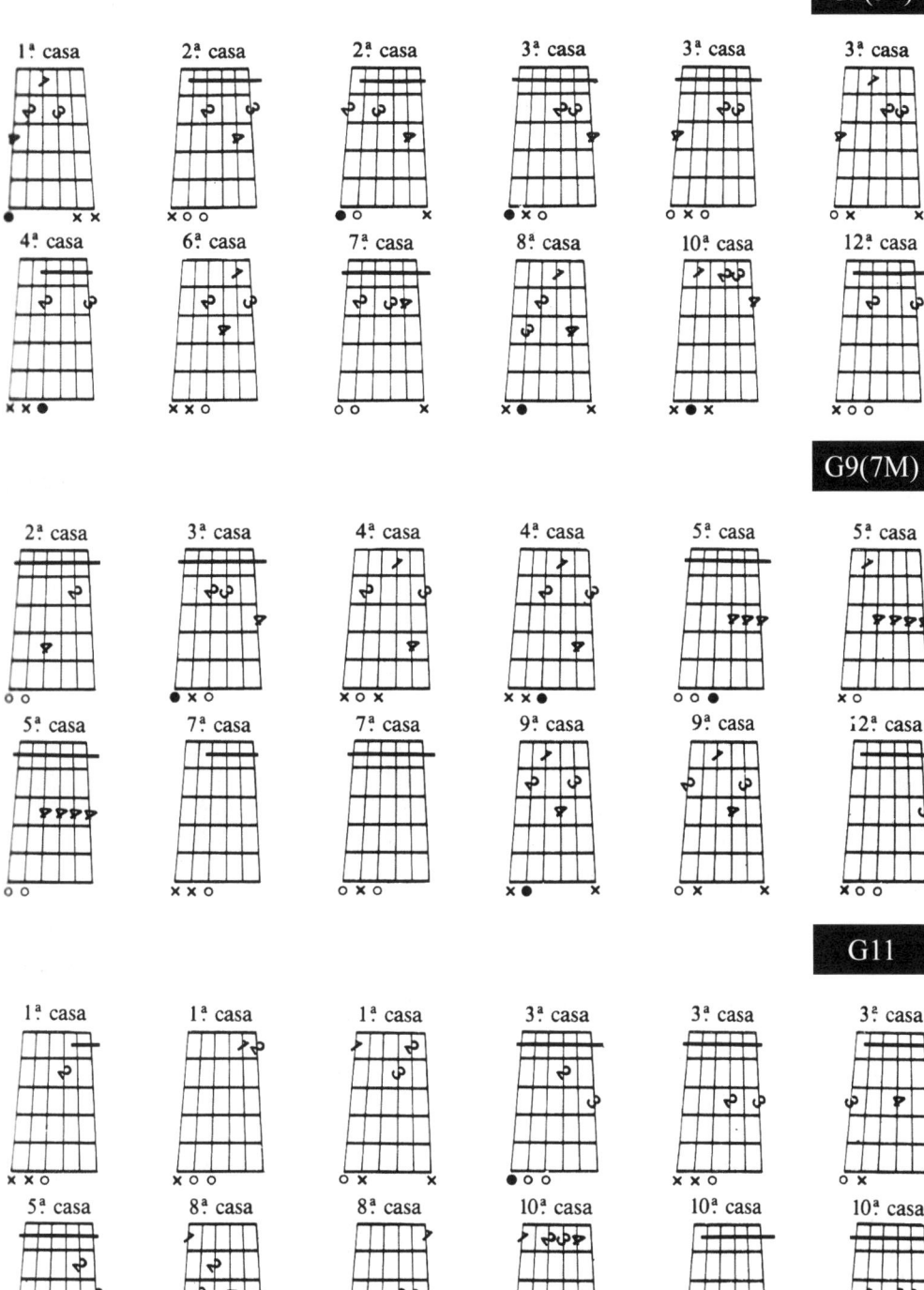

1ª casa	2ª casa	2ª casa	3ª casa	3ª casa	3ª casa
4ª casa	6ª casa	7ª casa	8ª casa	10ª casa	12ª casa

G9(7M)

2ª casa	3ª casa	4ª casa	4ª casa	5ª casa	5ª casa
5ª casa	7ª casa	7ª casa	9ª casa	9ª casa	12ª casa

G11

1ª casa	1ª casa	1ª casa	3ª casa	3ª casa	3ª casa
5ª casa	8ª casa	8ª casa	10ª casa	10ª casa	10ª casa

G11+

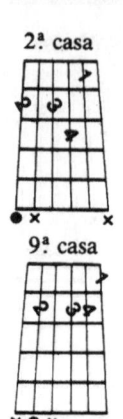

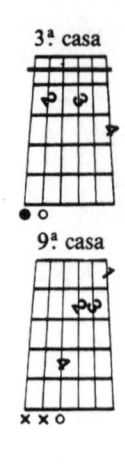

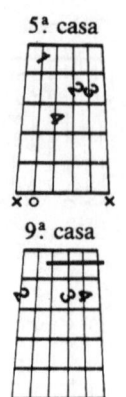

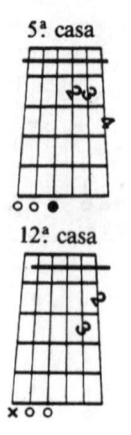

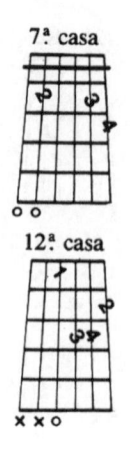

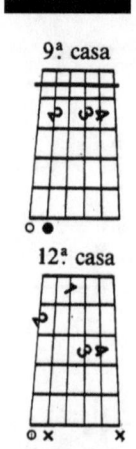

| 2ª casa | 3ª casa | 5ª casa | 5ª casa | 7ª casa | 9ª casa |
| 9ª casa | 9ª casa | 9ª casa | 12ª casa | 12ª casa | 12ª casa |

G13

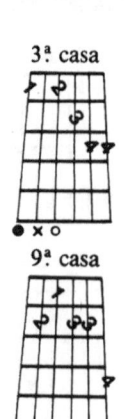

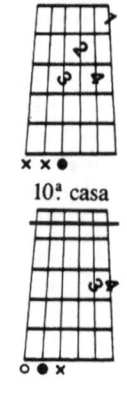

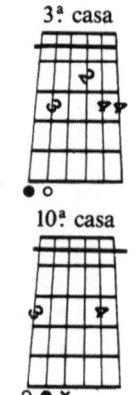

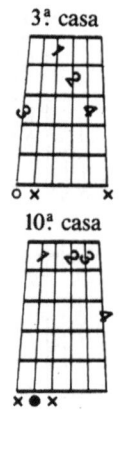

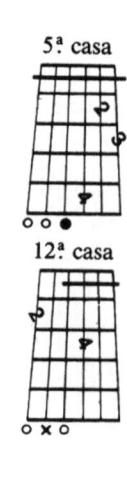

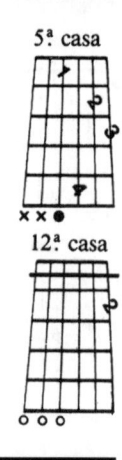

| 3ª casa | 3ª casa | 3ª casa | 3ª casa | 5ª casa | 5ª casa |
| 9ª casa | 10ª casa | 10ª casa | 10ª casa | 12ª casa | 12ª casa |

G13(9−)

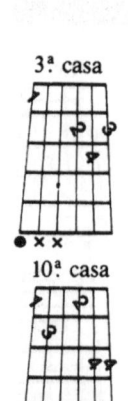

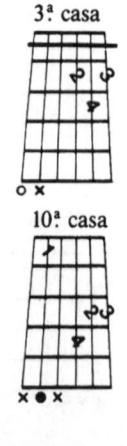

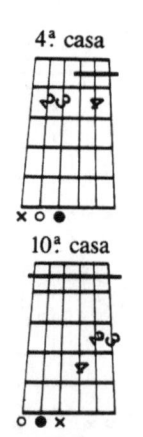

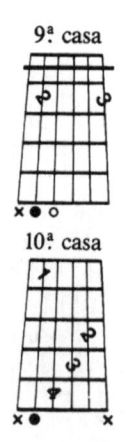

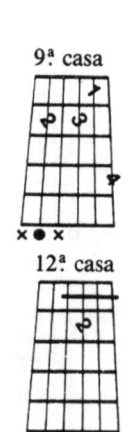

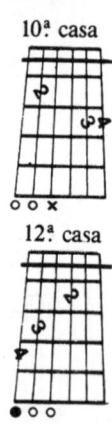

| 3ª casa | 3ª casa | 4ª casa | 9ª casa | 9ª casa | 10ª casa |
| 10ª casa | 10ª casa | 10ª casa | 10ª casa | 12ª casa | 12ª casa |

A♭

1ª casa | 1ª casa | 1ª casa | 4ª casa | 5ª casa | 6ª casa

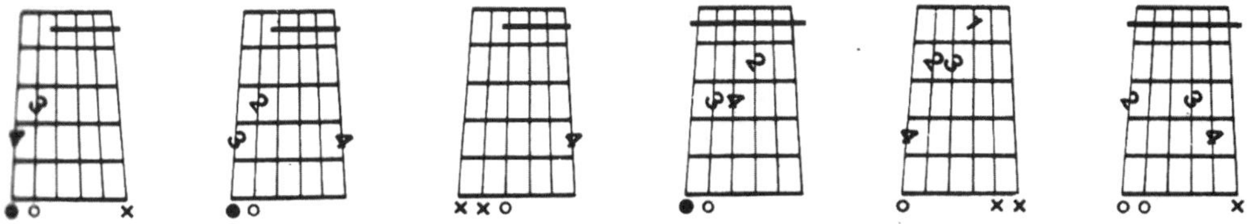

6ª casa | 8ª casa | 8ª casa | 8ª casa | 11ª casa | 11ª casa

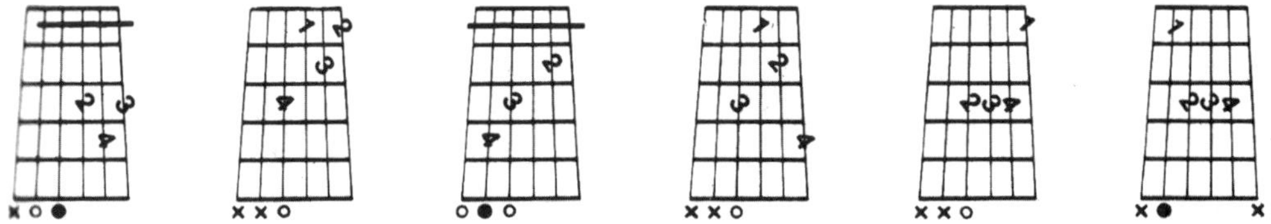

A♭m

4ª casa | 4ª casa | 6ª casa | 6ª casa | 6ª casa | 7ª casa

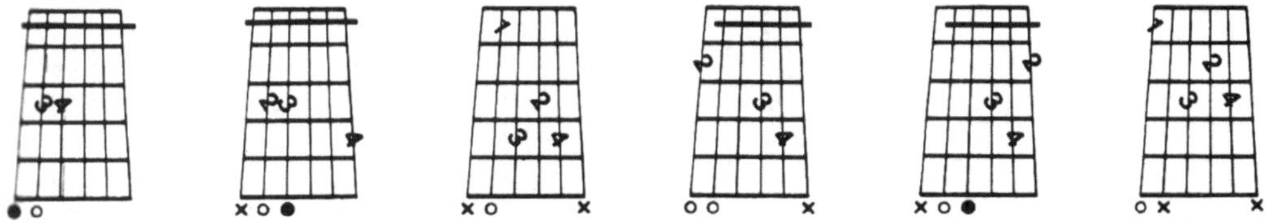

7ª casa | 11ª casa | 11ª casa | 11ª casa | 12ª casa | 13ª casa

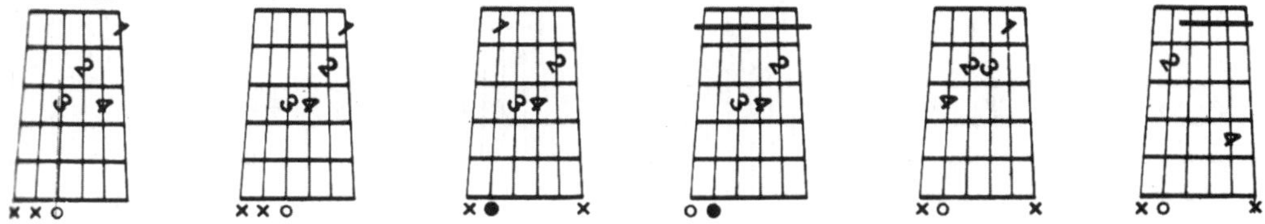

A♭5–

3ª casa | 3ª casa | 3ª casa | 4ª casa | 6ª casa | 7ª casa

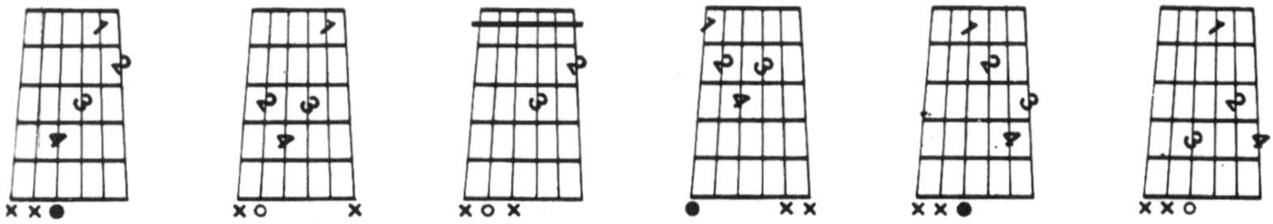

7ª casa | 10ª casa | 10ª casa | 11ª casa | 12ª casa | 12ª casa

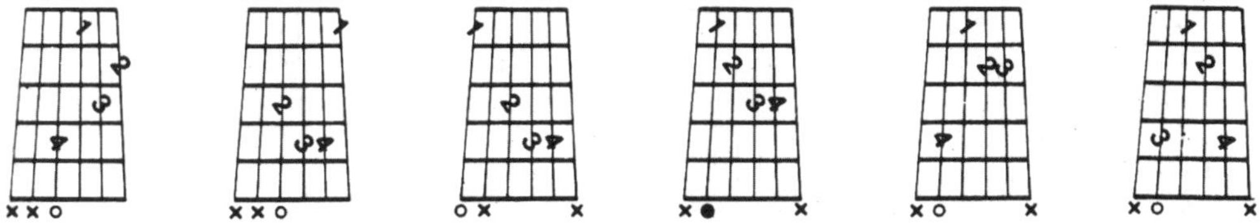

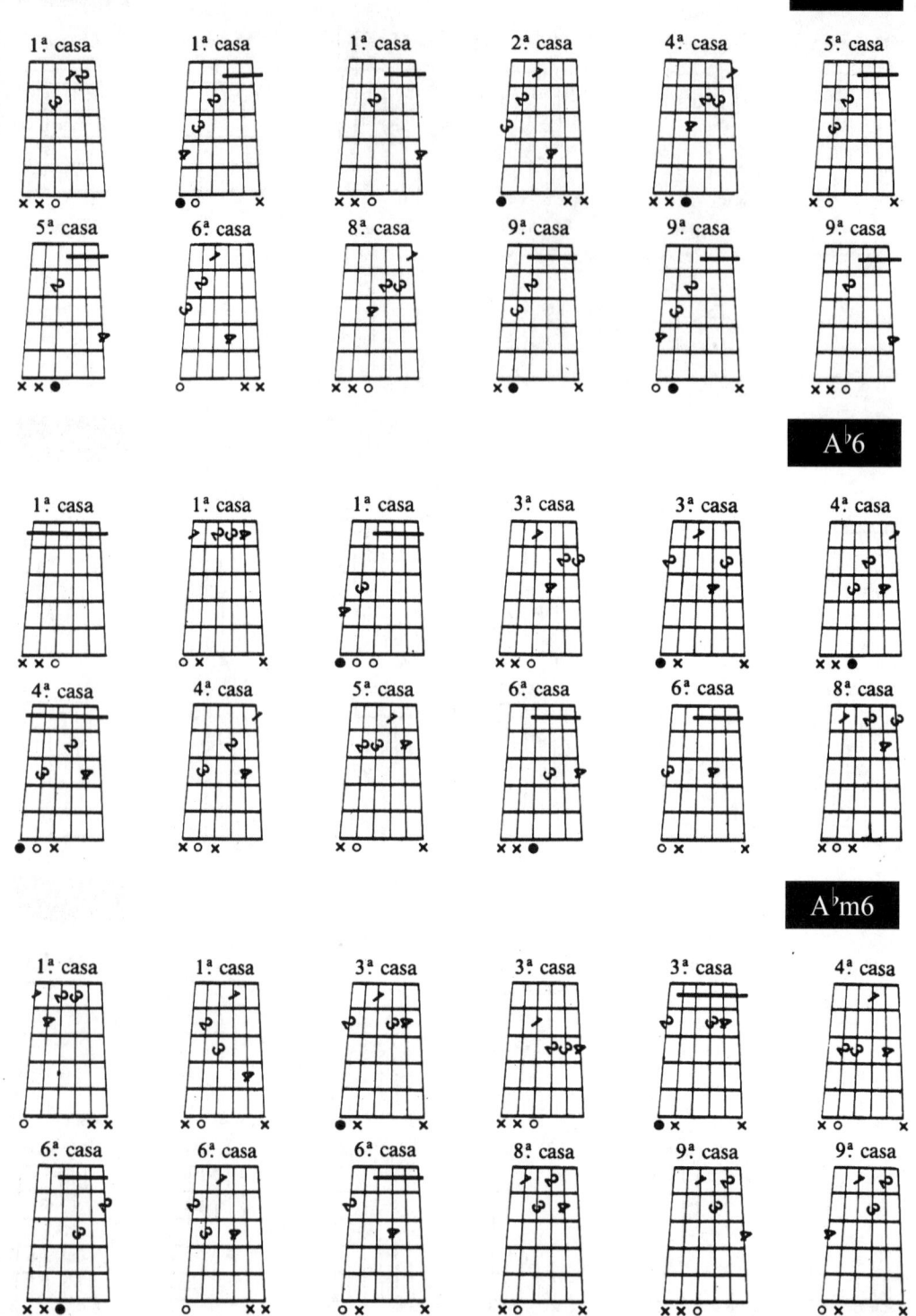

A♭5+

A♭6

A♭m6

A♭7 / A♭m7 / A♭7M

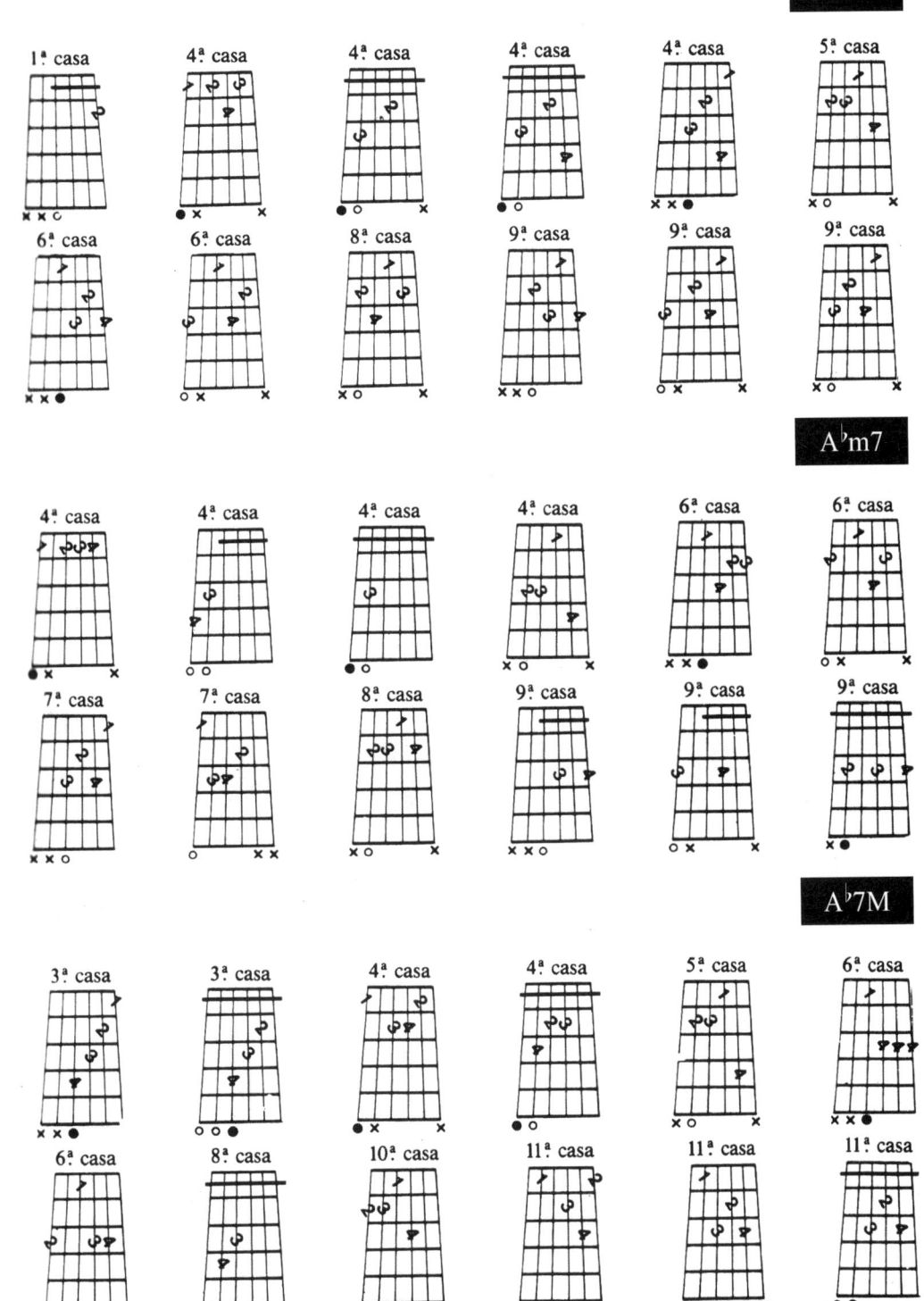

$A^\flat 7°$

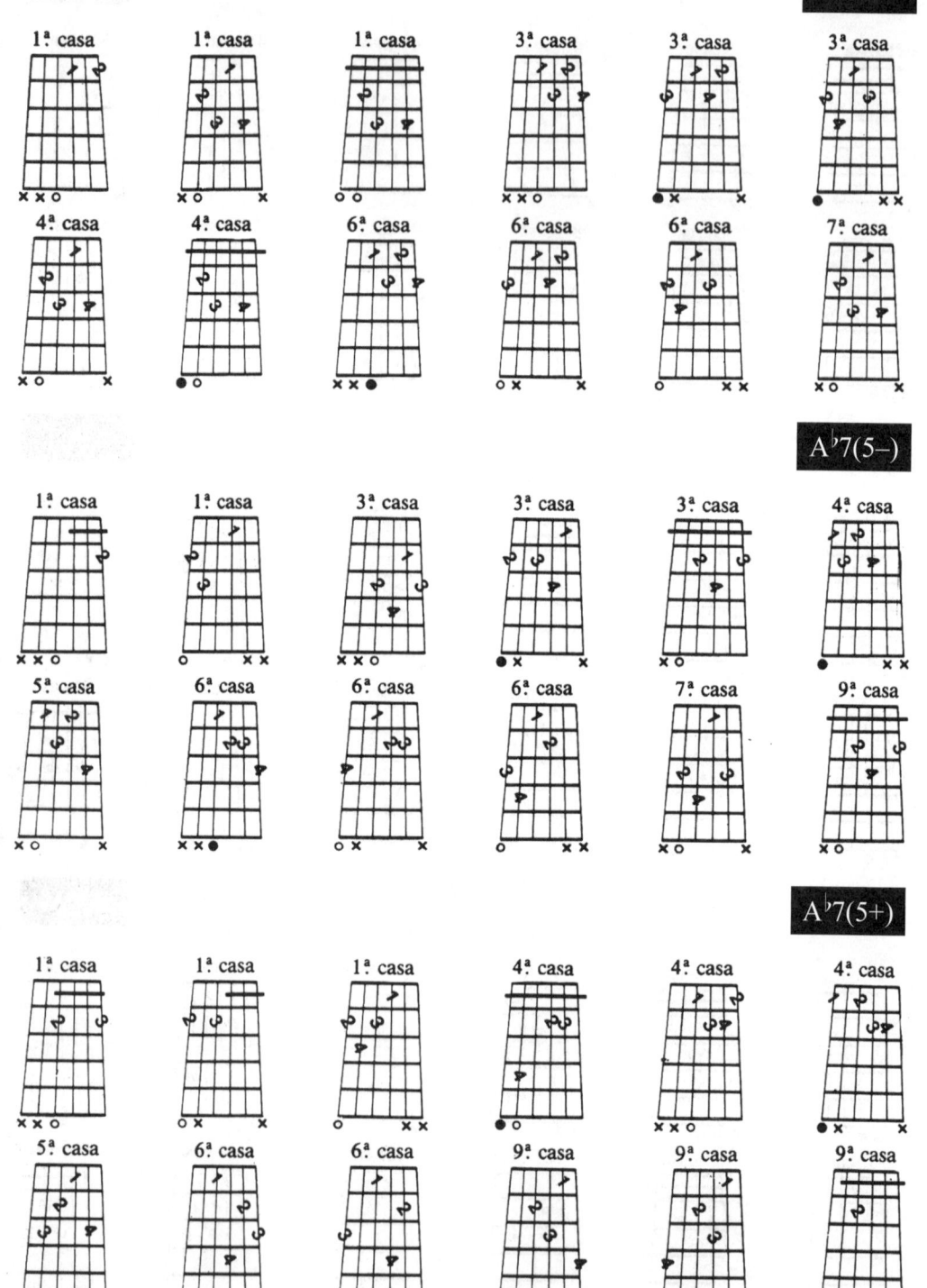

$A^\flat 7(5-)$

$A^\flat 7(5+)$

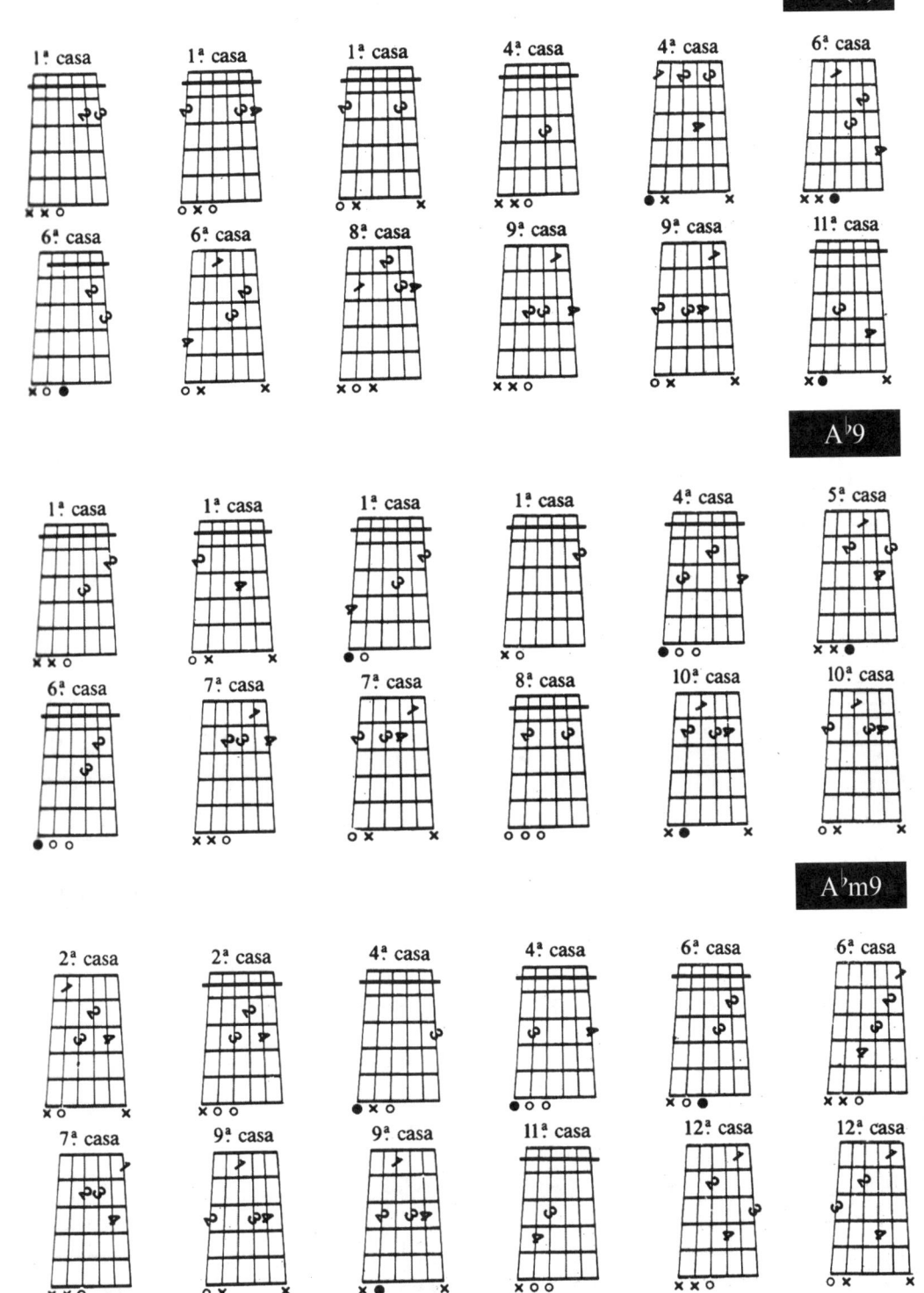

A♭7(4)

A♭9

A♭m9

-84-

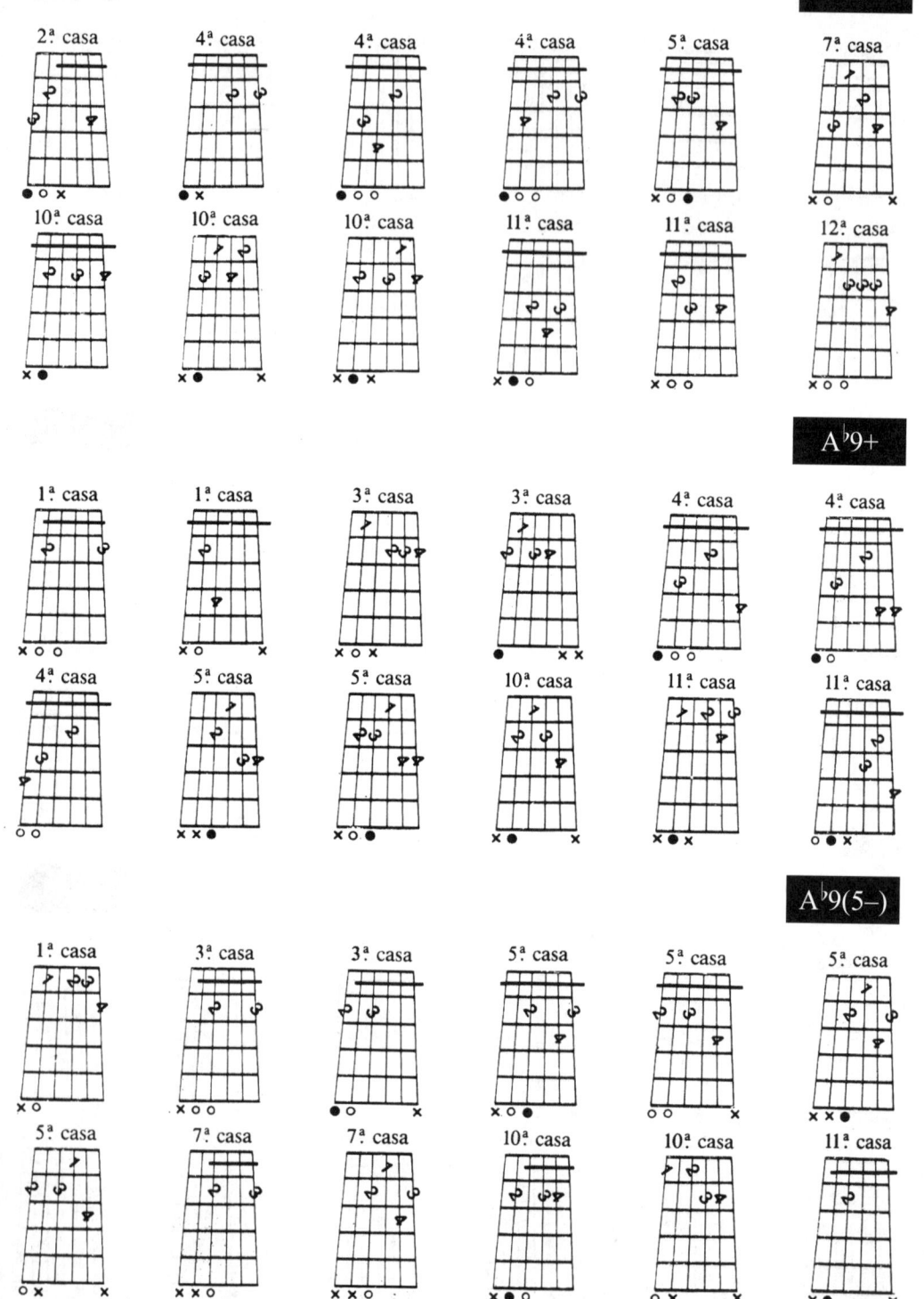

A♭9(5+)

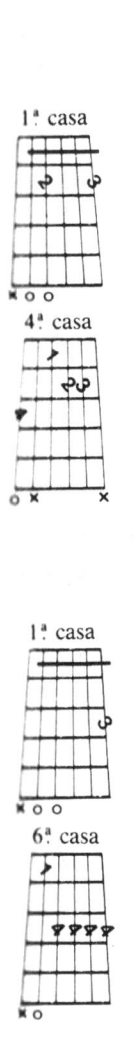

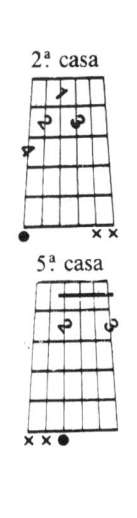

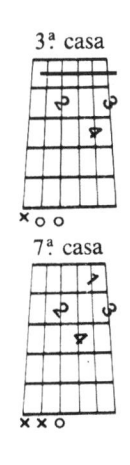

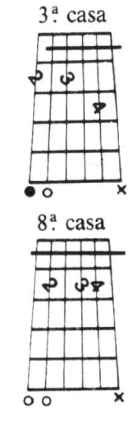

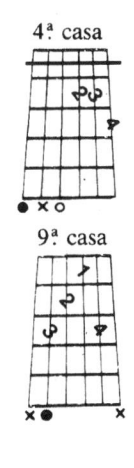

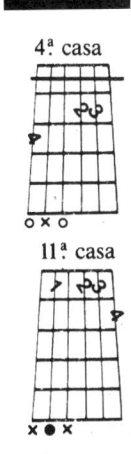

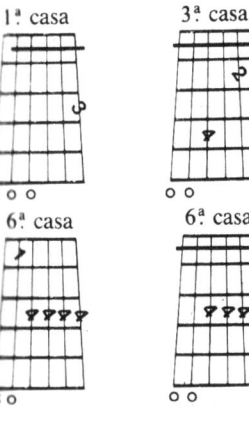

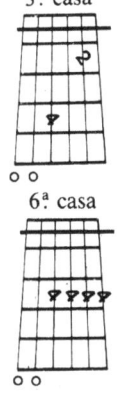

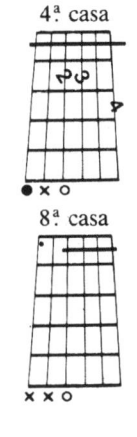

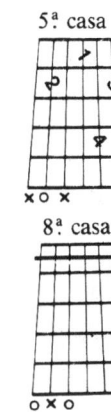

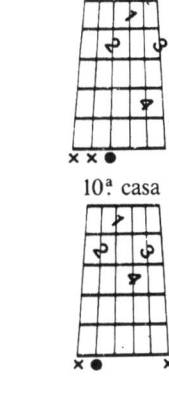

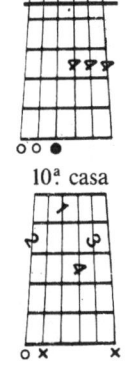

A♭9

A♭11

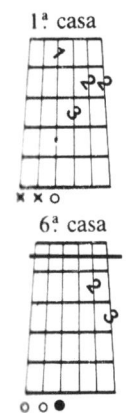

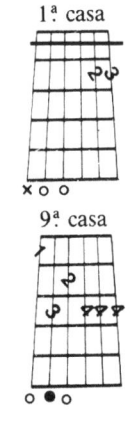

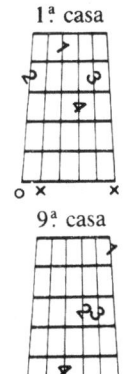

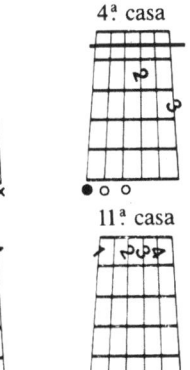

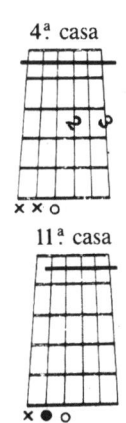

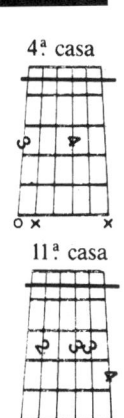

$A^{\flat}11+$

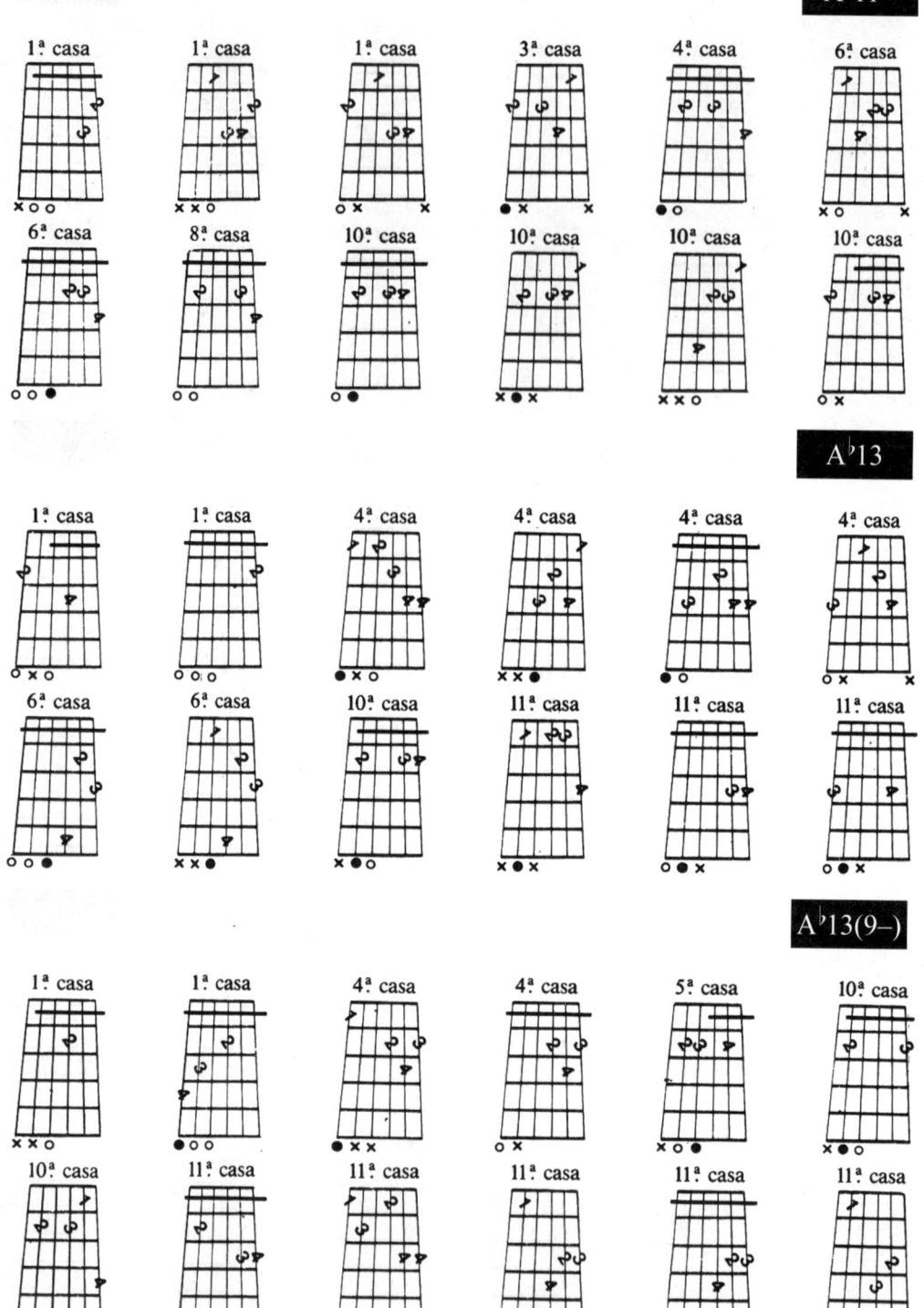

$A^{\flat}13$

$A^{\flat}13(9-)$

A

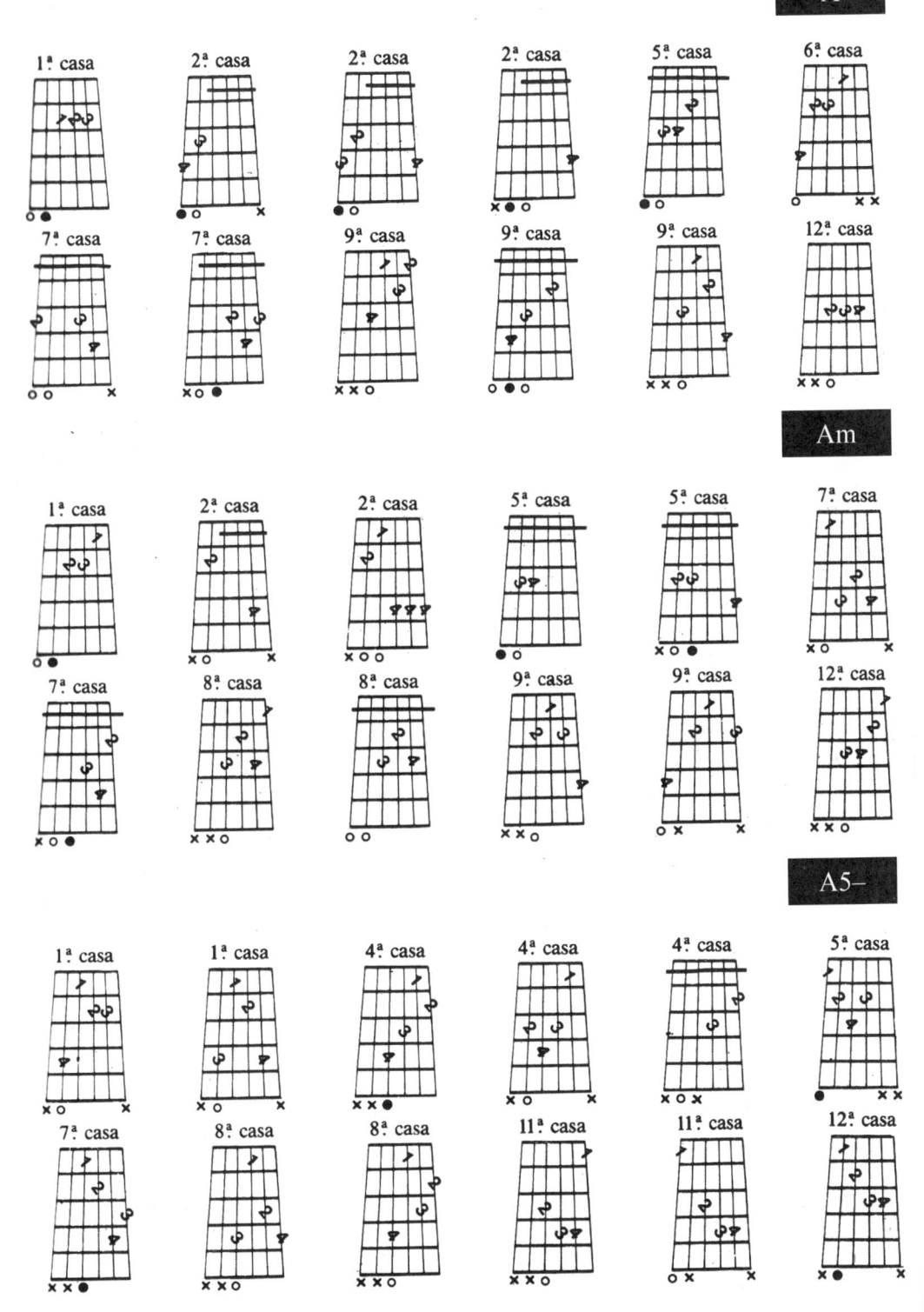

| 1.ª casa | 2.ª casa | 2.ª casa | 2.ª casa | 5.ª casa | 6.ª casa |
| 7.ª casa | 7.ª casa | 9.ª casa | 9.ª casa | 9.ª casa | 12.ª casa |

Am

| 1.ª casa | 2.ª casa | 2.ª casa | 5.ª casa | 5.ª casa | 7.ª casa |
| 7.ª casa | 8.ª casa | 8.ª casa | 9.ª casa | 9.ª casa | 12.ª casa |

A5−

| 1.ª casa | 1.ª casa | 4.ª casa | 4.ª casa | 4.ª casa | 5.ª casa |
| 7.ª casa | 8.ª casa | 8.ª casa | 11.ª casa | 11.ª casa | 12.ª casa |

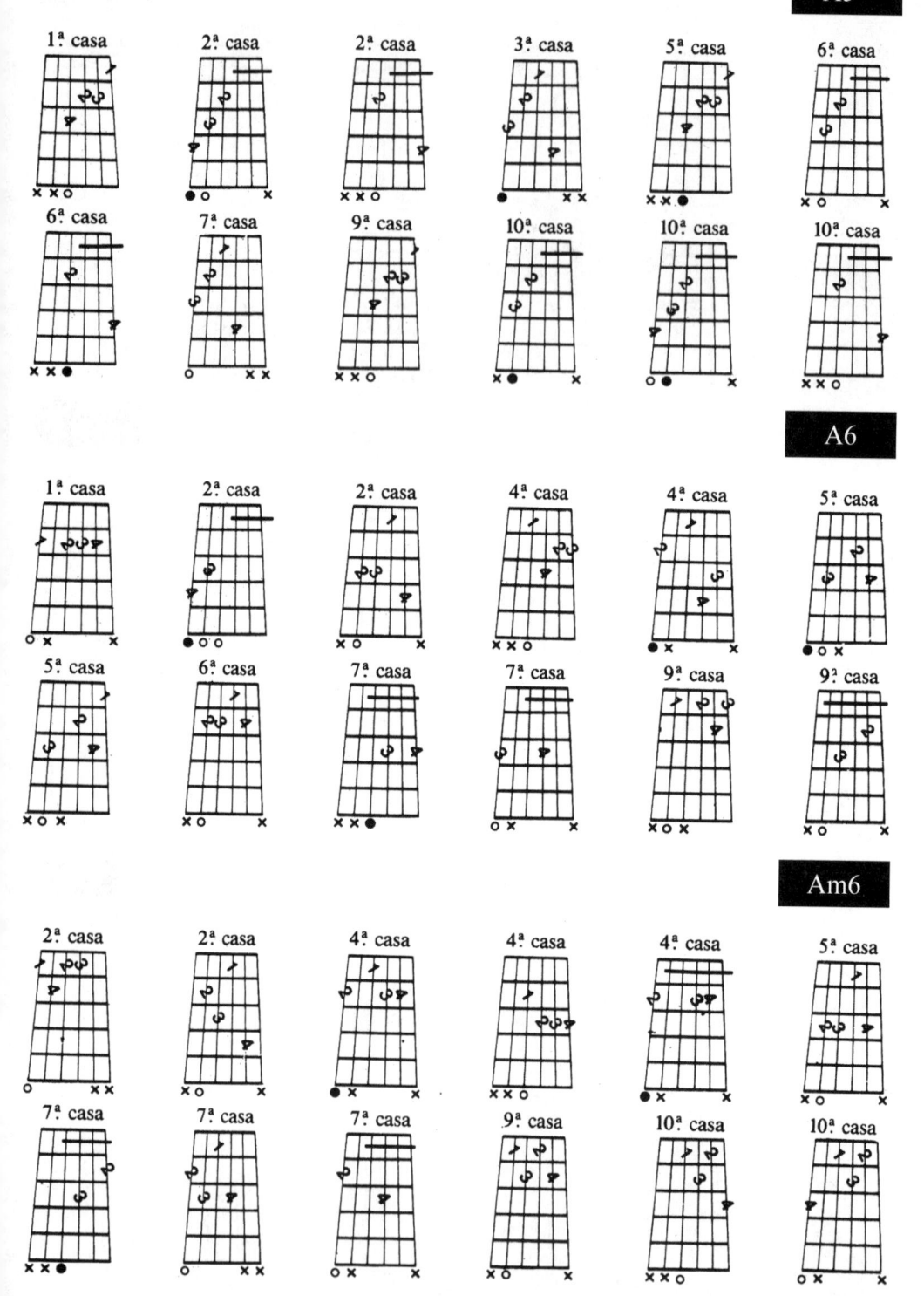

A5+

| 1ª casa | 2ª casa | 2ª casa | 3ª casa | 5ª casa | 6ª casa |
| 6ª casa | 7ª casa | 9ª casa | 10ª casa | 10ª casa | 10ª casa |

A6

| 1ª casa | 2ª casa | 2ª casa | 4ª casa | 4ª casa | 5ª casa |
| 5ª casa | 6ª casa | 7ª casa | 7ª casa | 9ª casa | 9ª casa |

Am6

| 2ª casa | 2ª casa | 4ª casa | 4ª casa | 4ª casa | 5ª casa |
| 7ª casa | 7ª casa | 7ª casa | 9ª casa | 10ª casa | 10ª casa |

A7

2ª casa
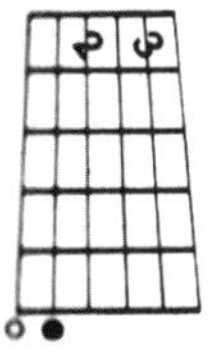
5ª casa
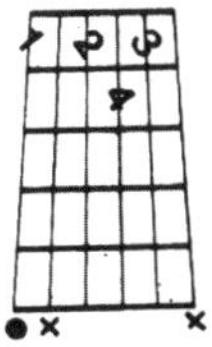
5ª casa
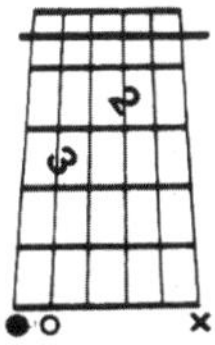
5ª casa
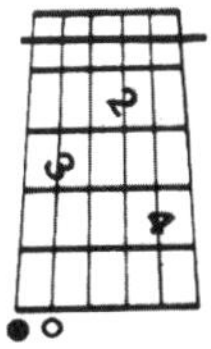
5ª casa
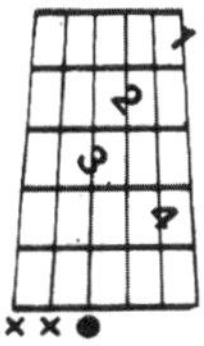
6ª casa
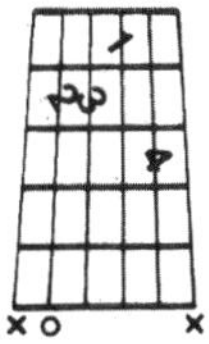

7ª casa
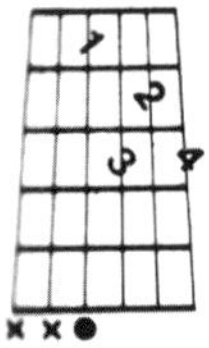
7ª casa
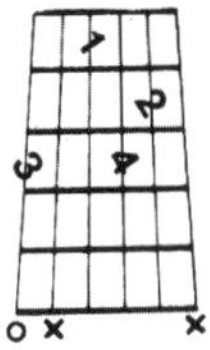
9ª casa
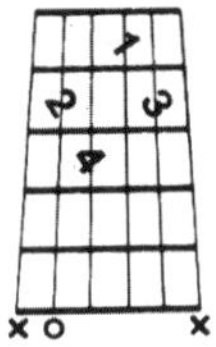
10ª casa
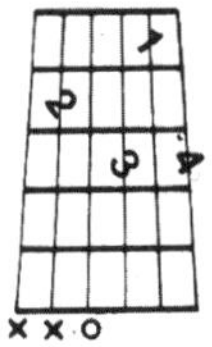
10ª casa
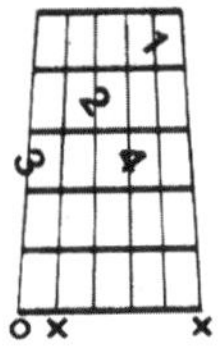
10ª casa
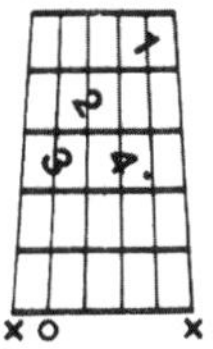

Am7

1ª casa
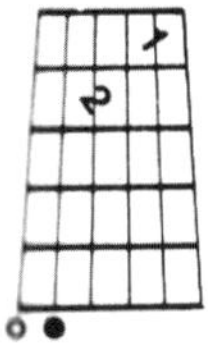
5ª casa
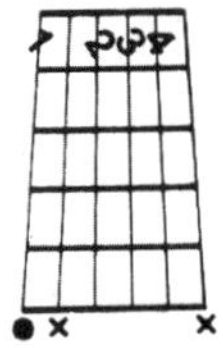
5ª casa
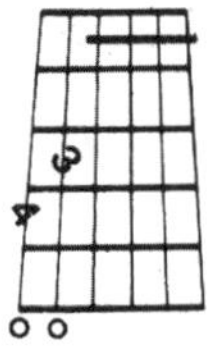
5ª casa
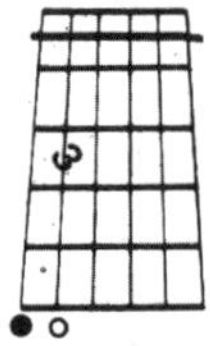
5ª casa
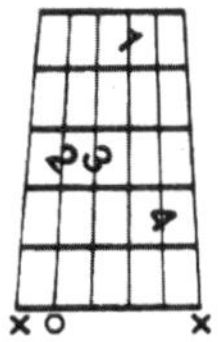
7ª casa
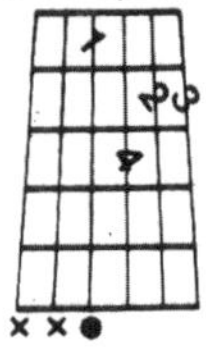

7ª casa
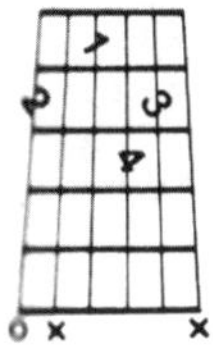
8ª casa
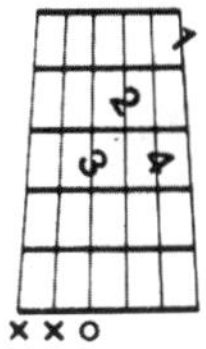
8ª casa
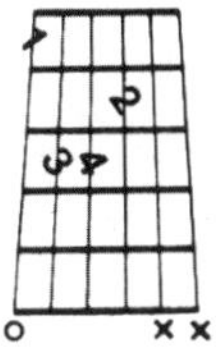
9ª casa
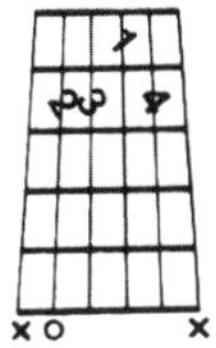
10ª casa
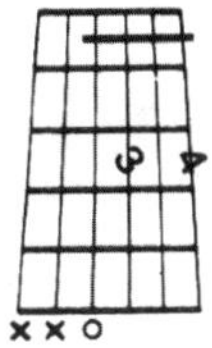
10ª casa
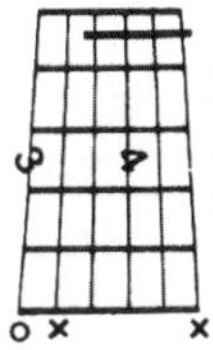

A7M

2ª casa
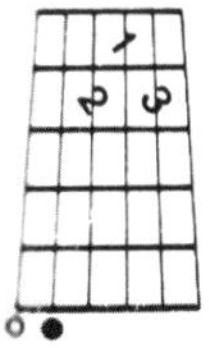
2ª casa
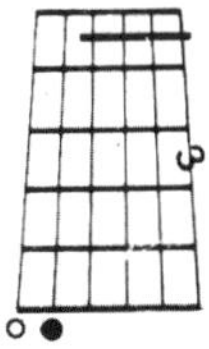
4ª casa
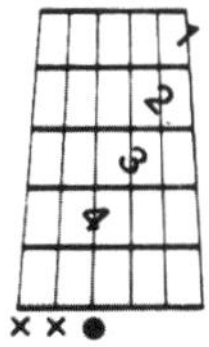
4ª casa
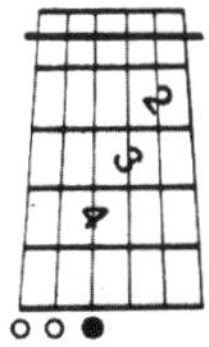
5ª casa
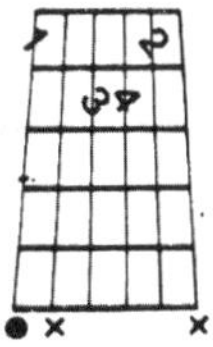
5ª casa
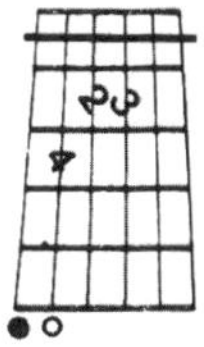

6ª casa
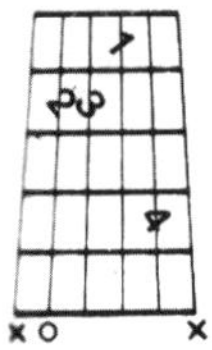
7ª casa
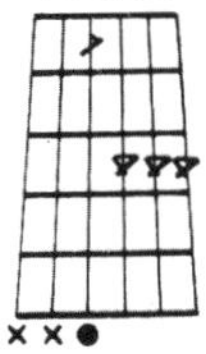
7ª casa
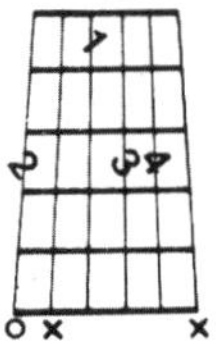
9ª casa
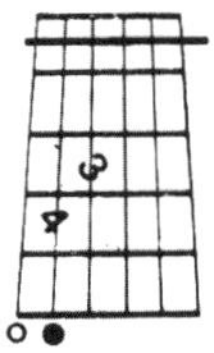
11ª casa
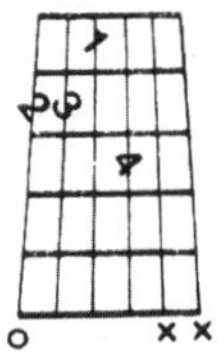
12ª casa
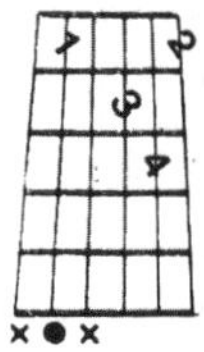

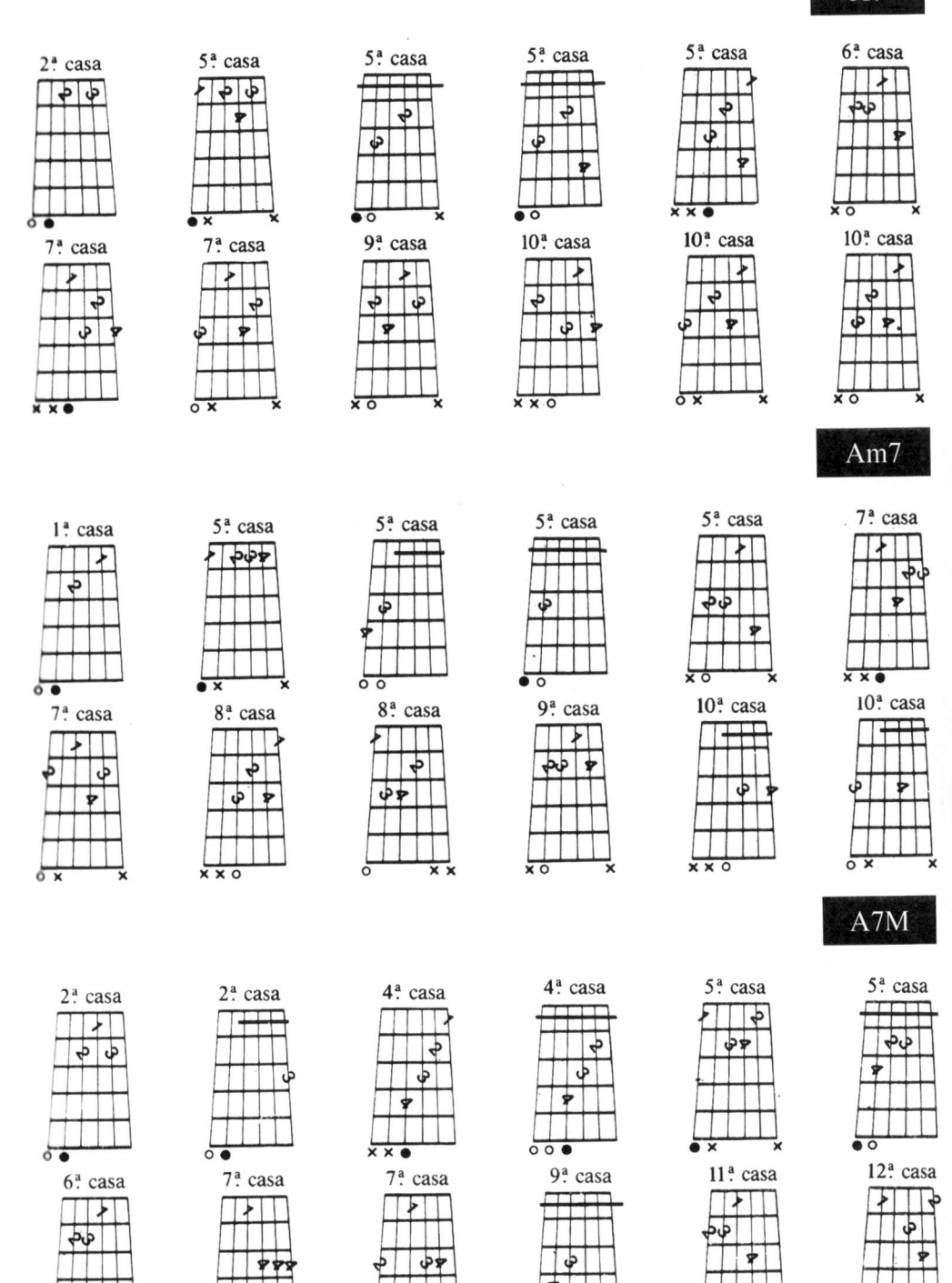

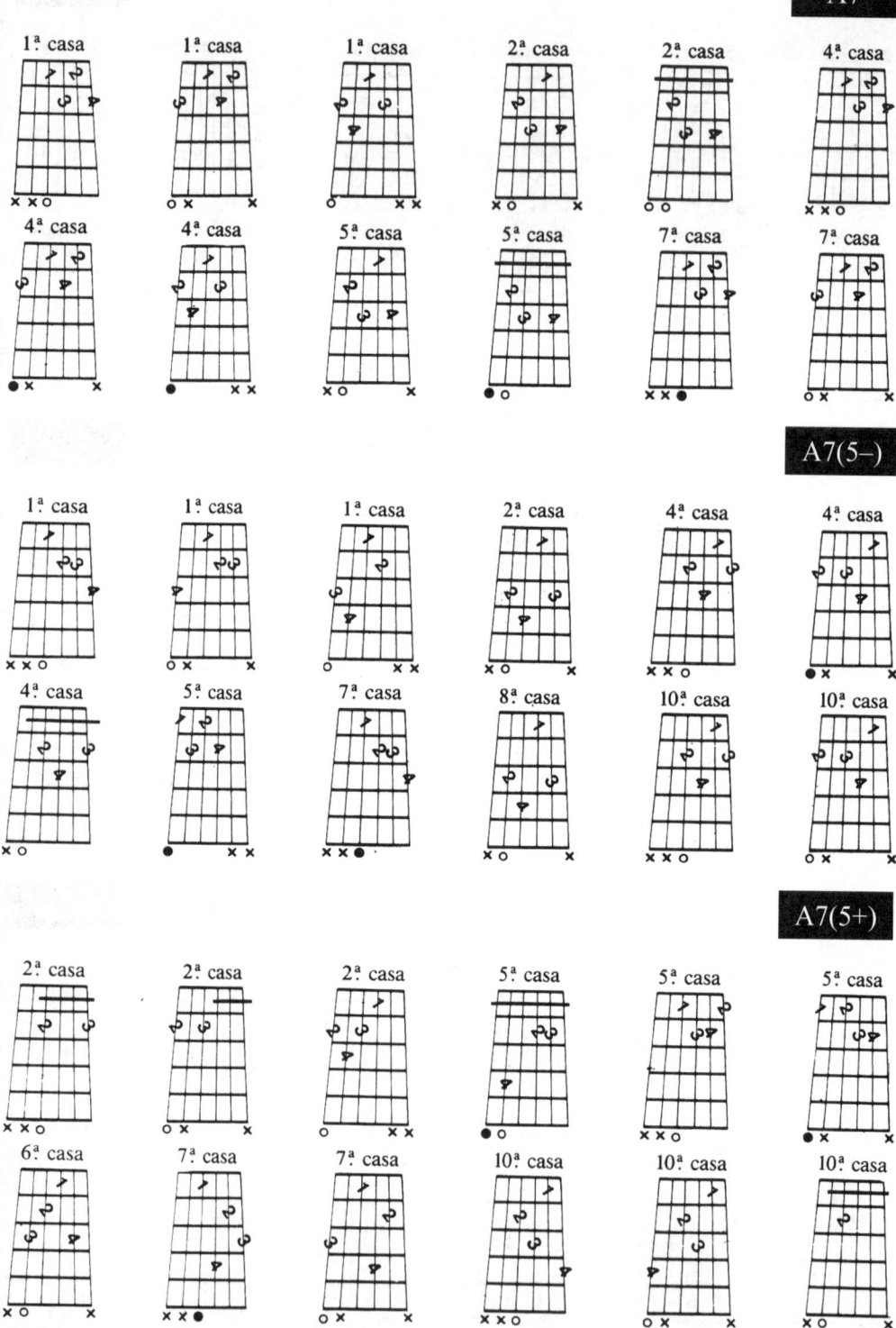

A7°

A7(5−)

A7(5+)

A7(4)

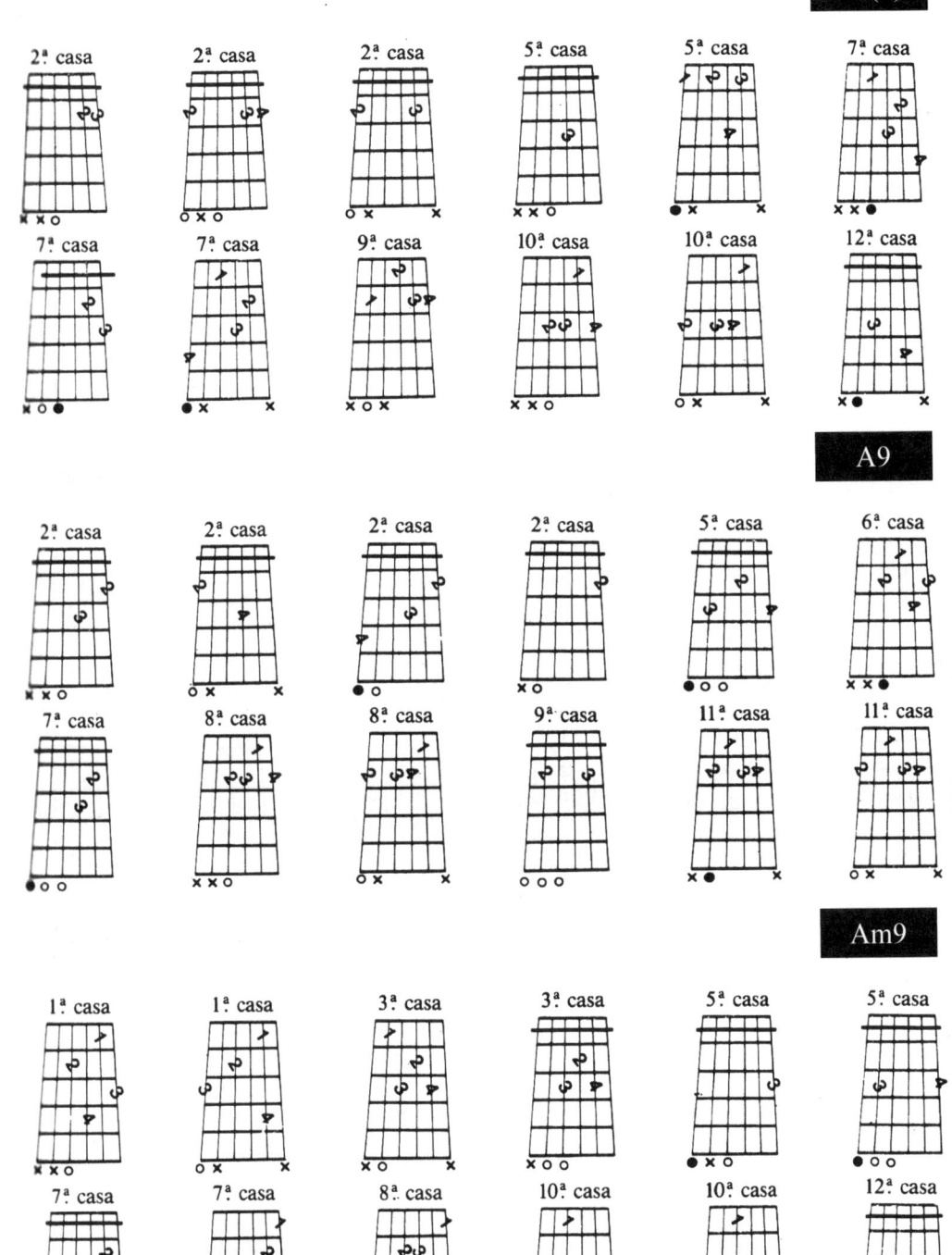

A9

Am9

A9–

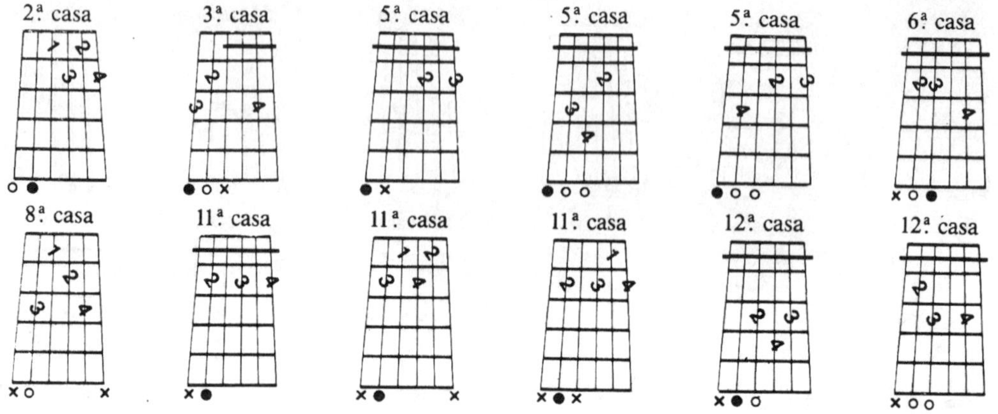
2ª casa
3ª casa
5ª casa
5ª casa
5ª casa
6ª casa
8ª casa
11ª casa
11ª casa
11ª casa
12ª casa
12ª casa

A9+

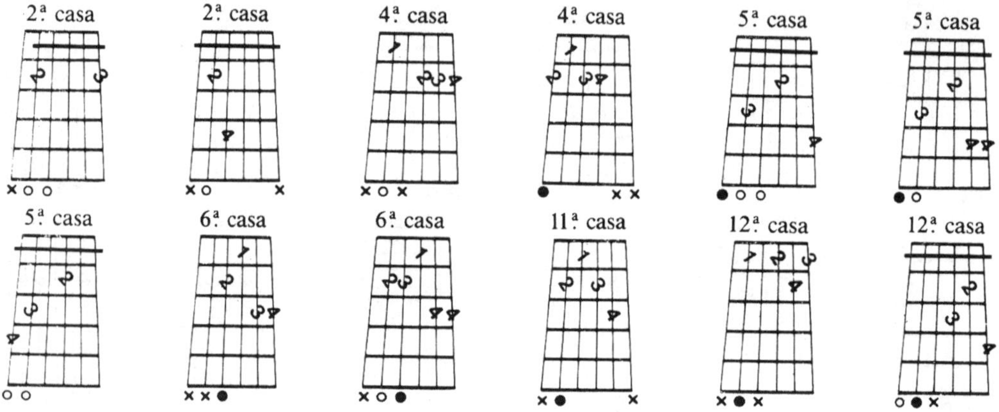
2ª casa
2ª casa
4ª casa
4ª casa
5ª casa
5ª casa
5ª casa
6ª casa
6ª casa
11ª casa
12ª casa
12ª casa

A9(5–)

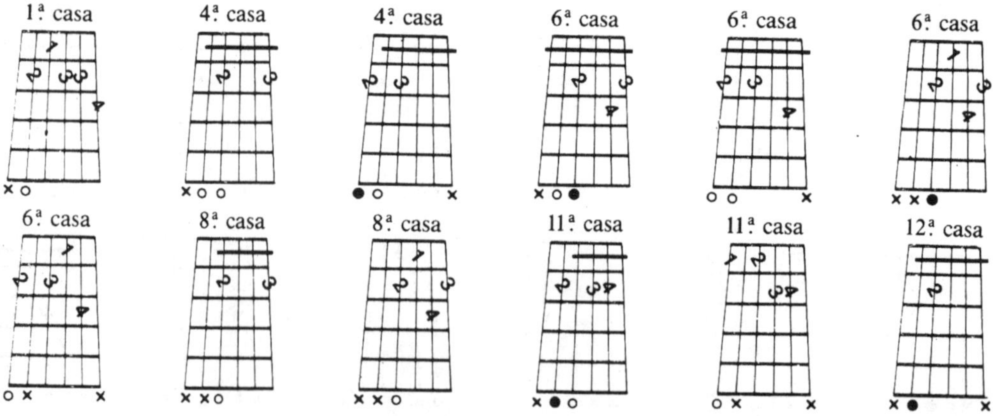
1ª casa
4ª casa
4ª casa
6ª casa
6ª casa
6ª casa
6ª casa
8ª casa
8ª casa
11ª casa
11ª casa
12ª casa

A9(5+)

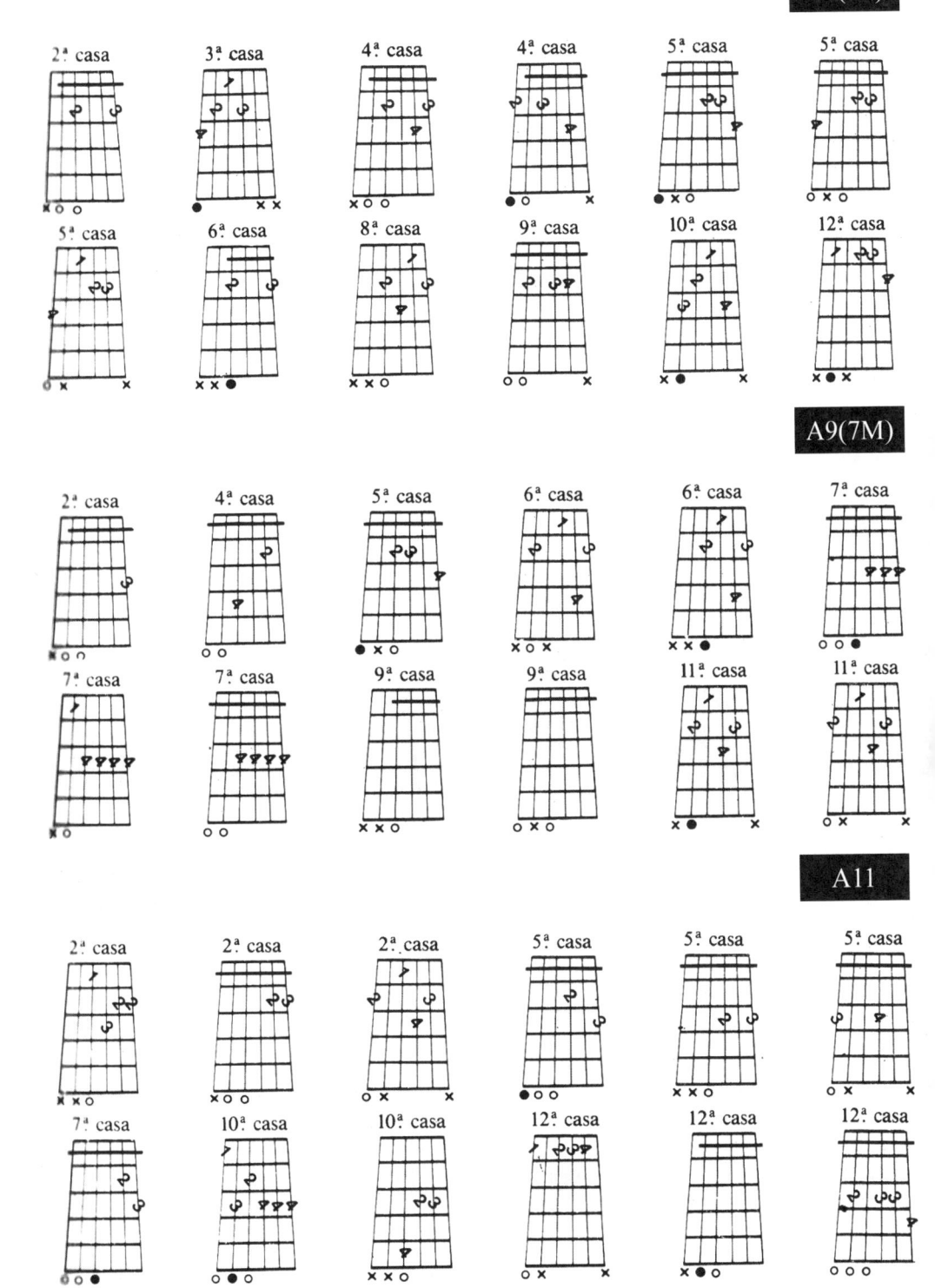

2.ª casa	3.ª casa	4.ª casa	4.ª casa	5.ª casa	5.ª casa
5.ª casa	6.ª casa	8.ª casa	9.ª casa	10.ª casa	12.ª casa

A9(7M)

2.ª casa	4.ª casa	5.ª casa	6.ª casa	6.ª casa	7.ª casa
7.ª casa	7.ª casa	9.ª casa	9.ª casa	11.ª casa	11.ª casa

A11

2.ª casa	2.ª casa	2.ª casa	5.ª casa	5.ª casa	5.ª casa
7.ª casa	10.ª casa	10.ª casa	12.ª casa	12.ª casa	12.ª casa

A11+

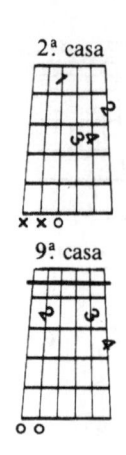

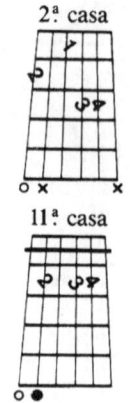

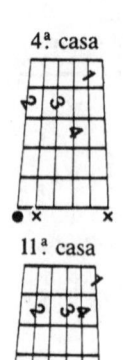

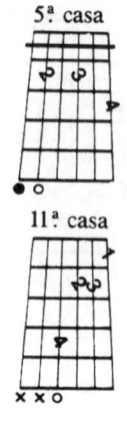

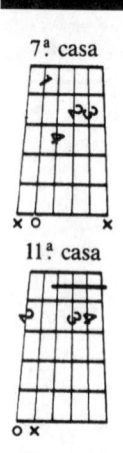

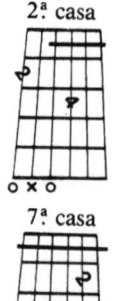

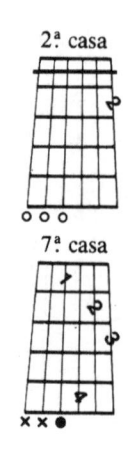

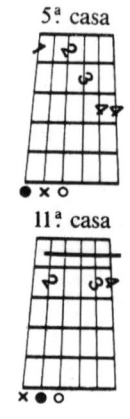

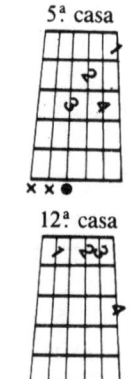

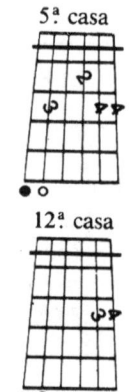

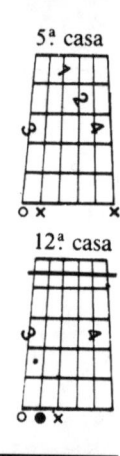

A13

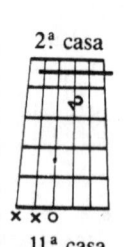

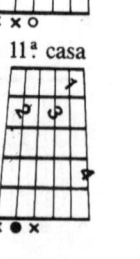

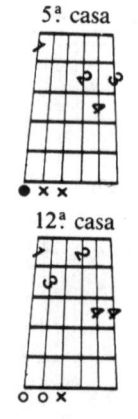

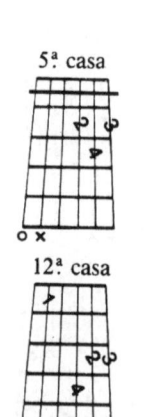

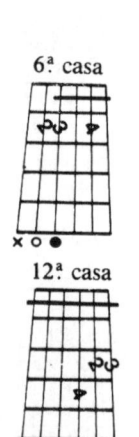

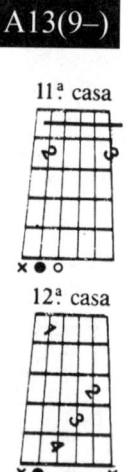

A13(9−)

B♭

1ª casa
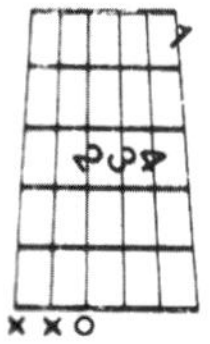
1ª casa
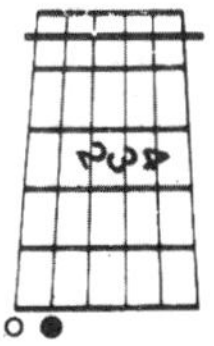
3ª casa
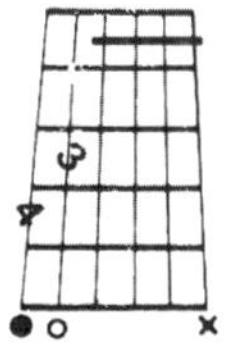
3ª casa
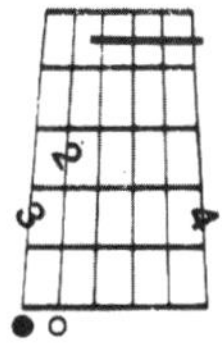
3ª casa
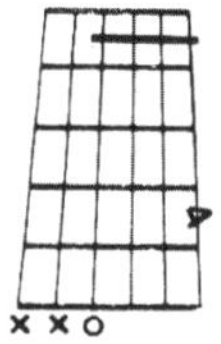
6ª casa
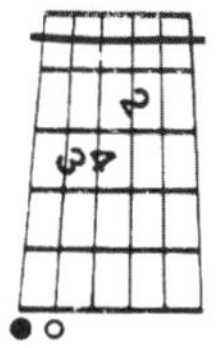
7ª casa
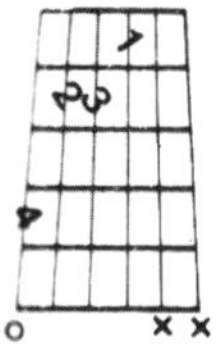
8ª casa
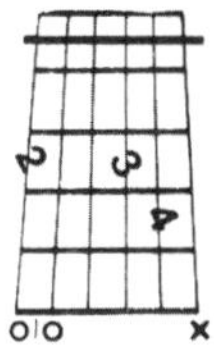
8ª casa
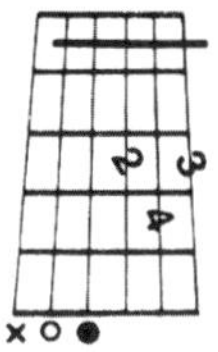
10ª casa
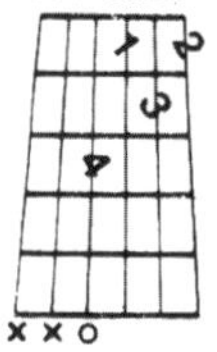
10ª casa
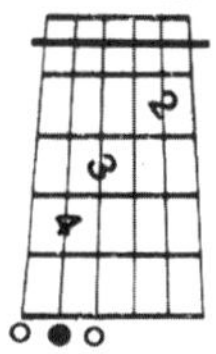
10ª casa
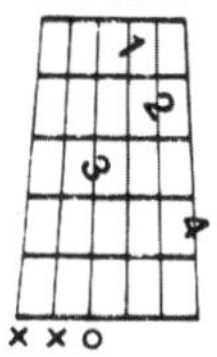

B♭m

1ª casa
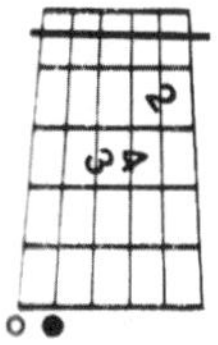
3ª casa
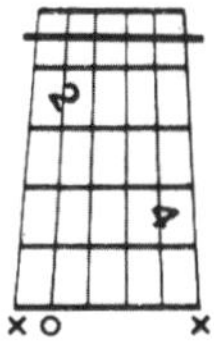
3ª casa
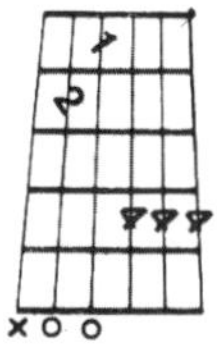
6ª casa
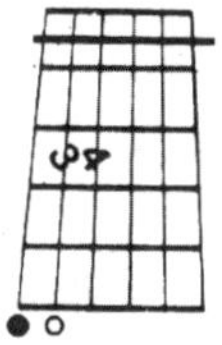
6ª casa
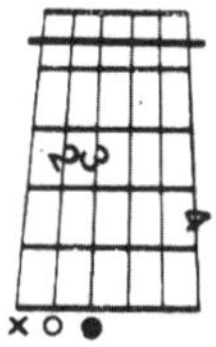
8ª casa
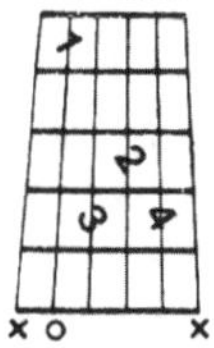
8ª casa
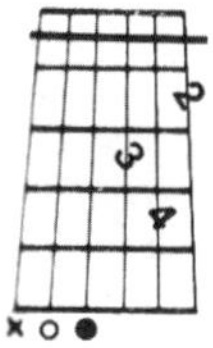
9ª casa
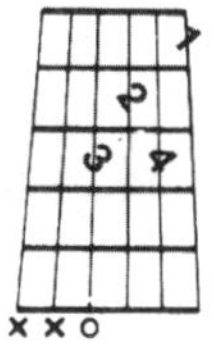
9ª casa
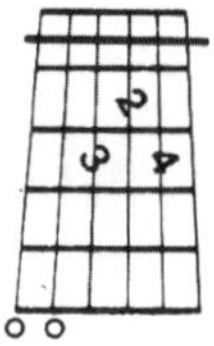
10ª casa
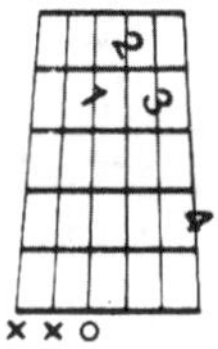
10ª casa
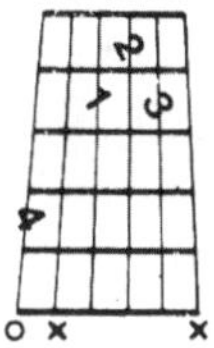
13ª casa
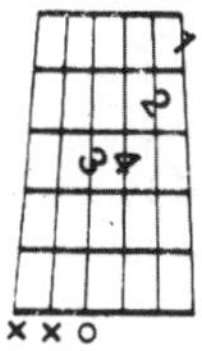

B♭5–

2ª casa
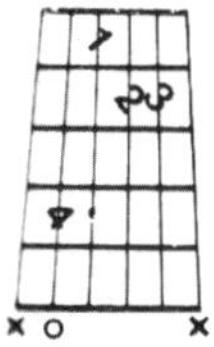
2ª casa
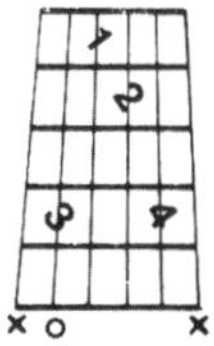
5ª casa
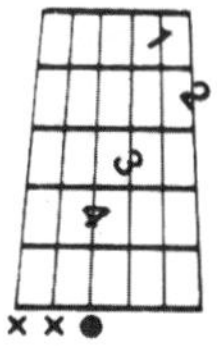
5ª casa
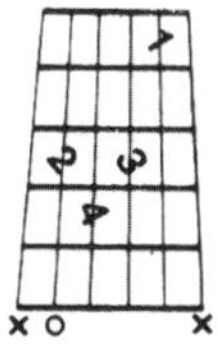
5ª casa
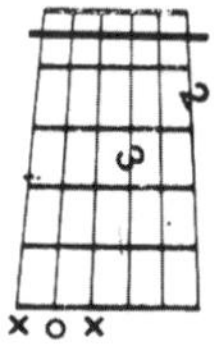
6ª casa
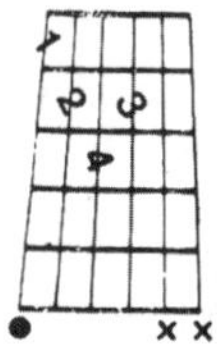
8ª casa
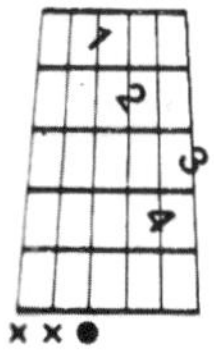
9ª casa
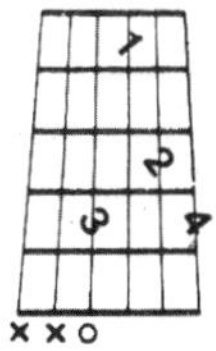
9ª casa
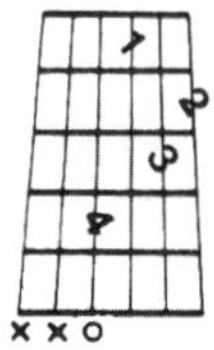
9ª casa
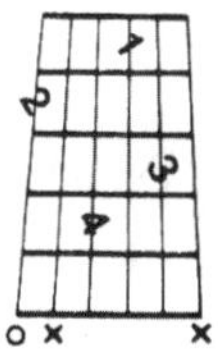
12ª casa
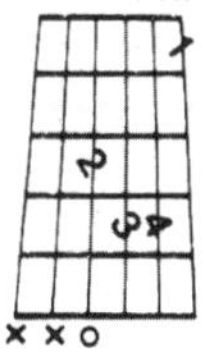
12ª casa
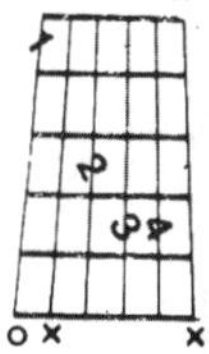

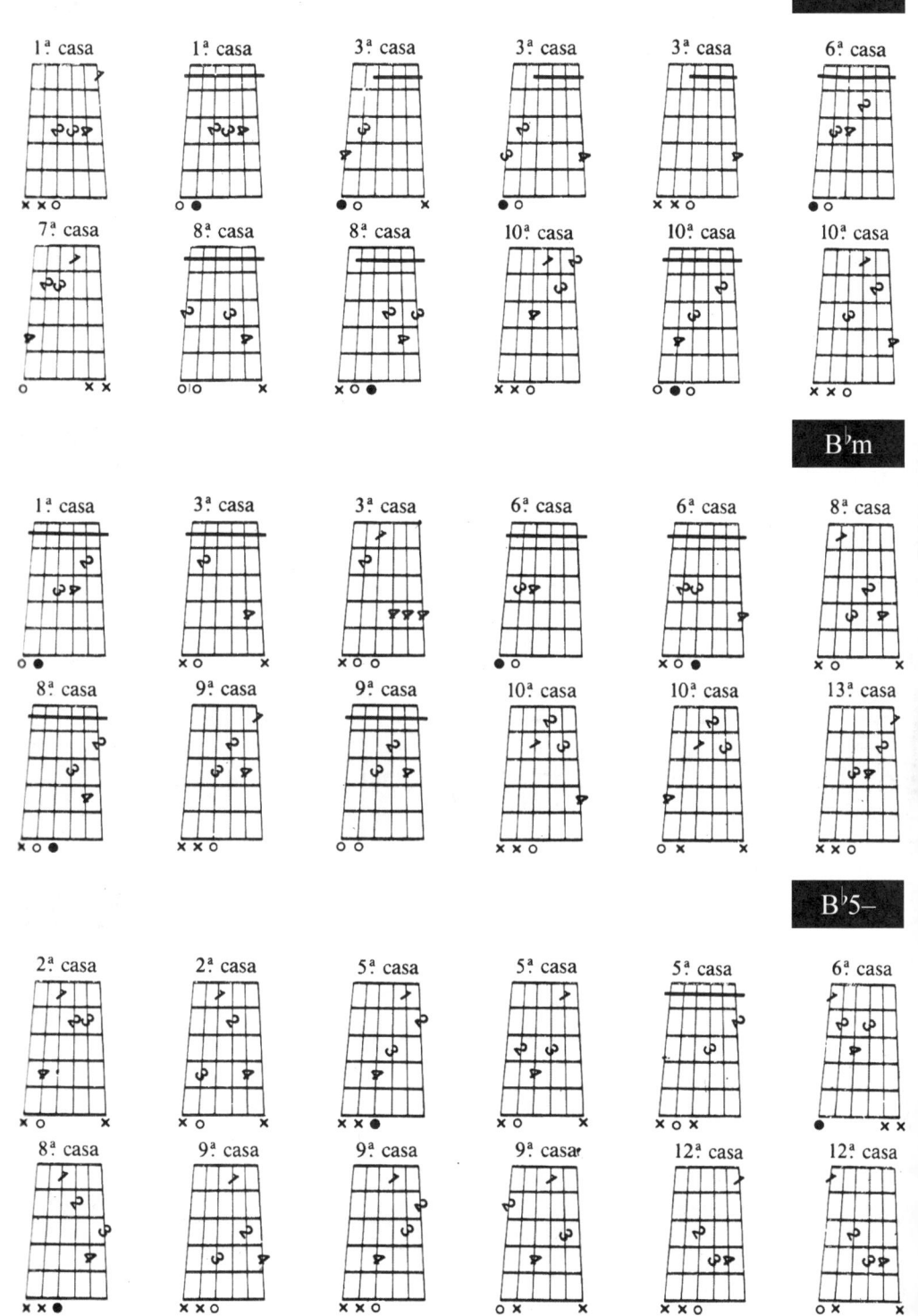

B♭5

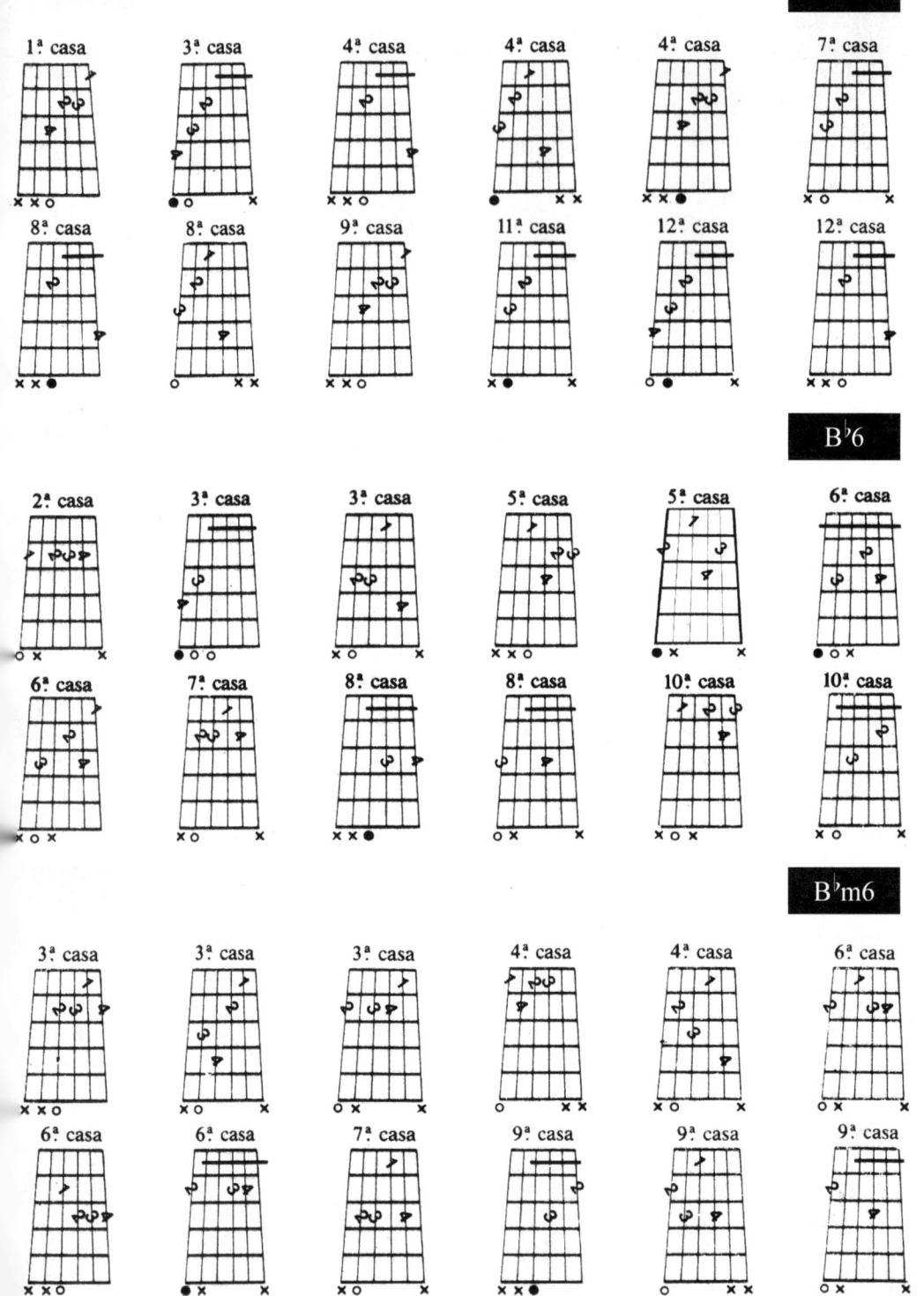

B♭6

B♭m6

B♭7

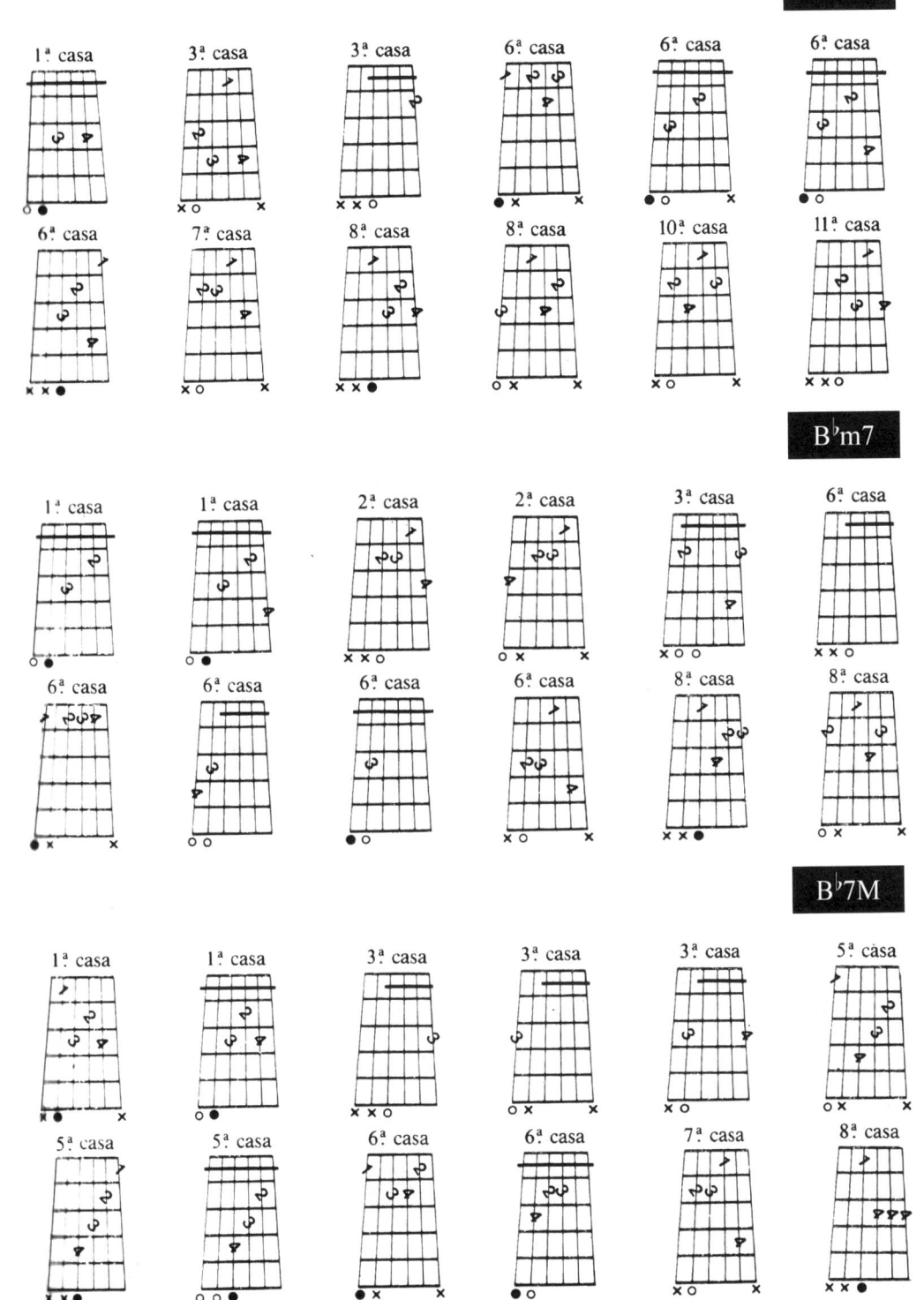

B♭m7

B♭7M

B♭7°

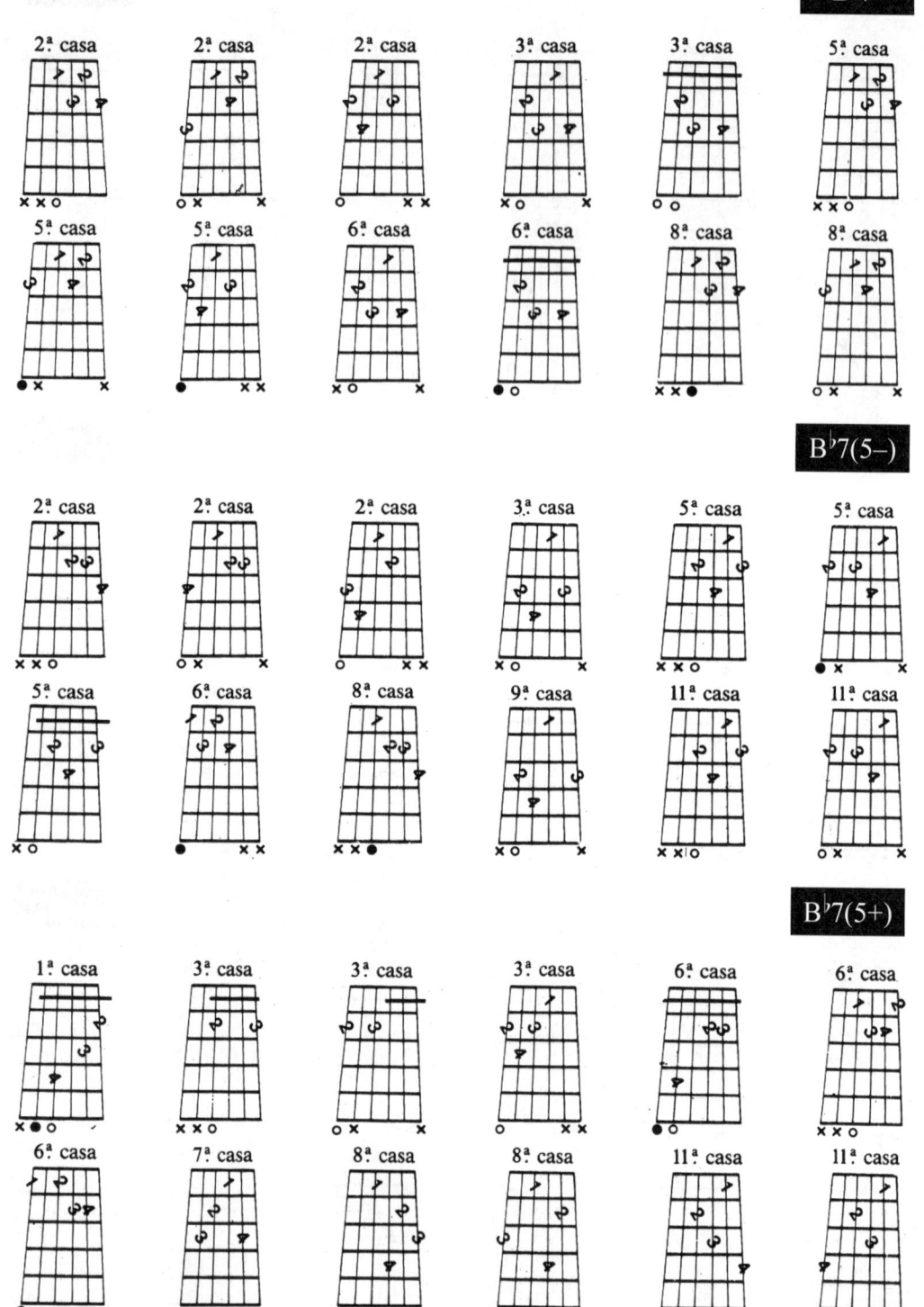

B♭7(5−)

B♭7(5+)

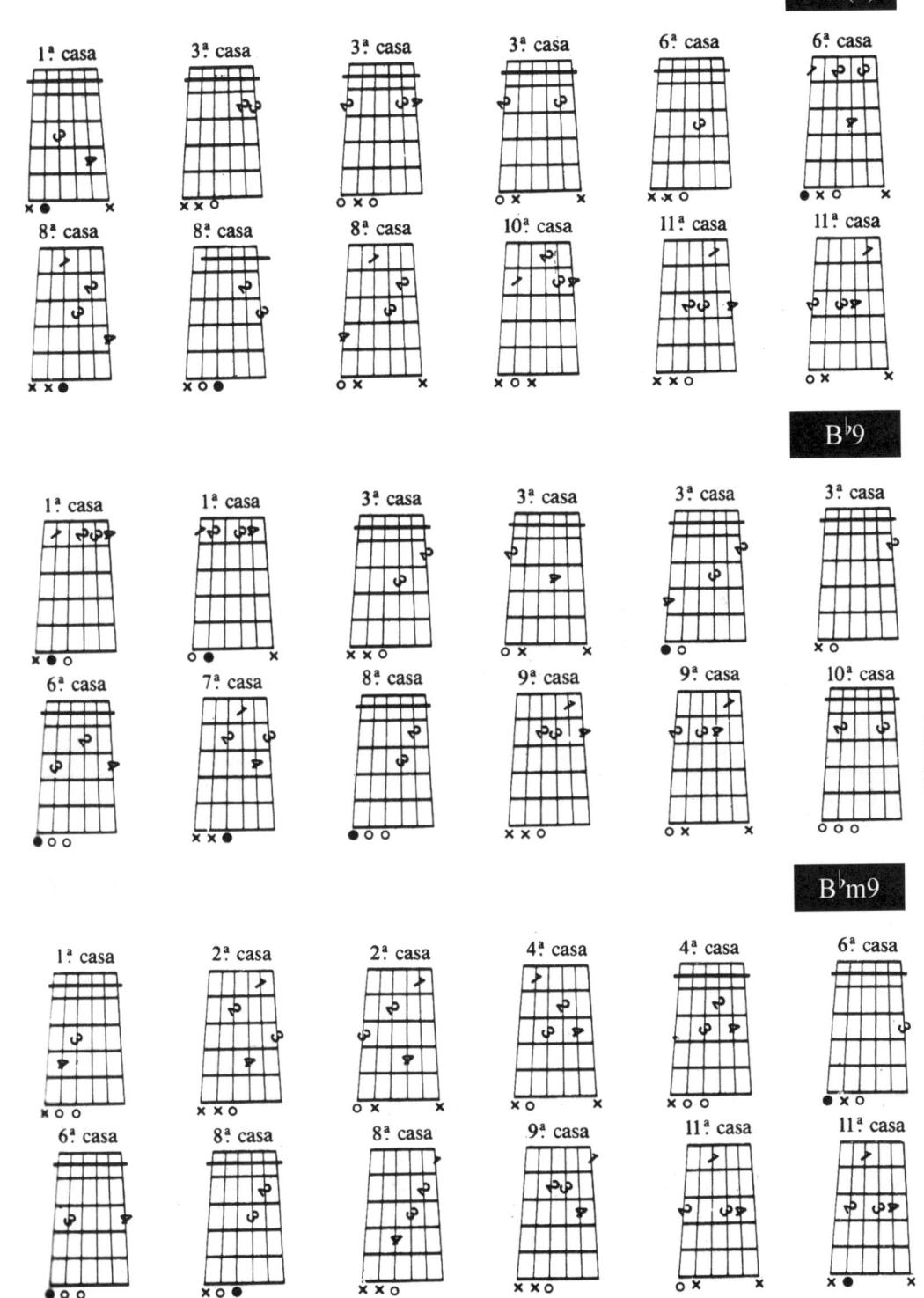

B♭7(4)

B♭9

B♭m9

$B\flat 9-$

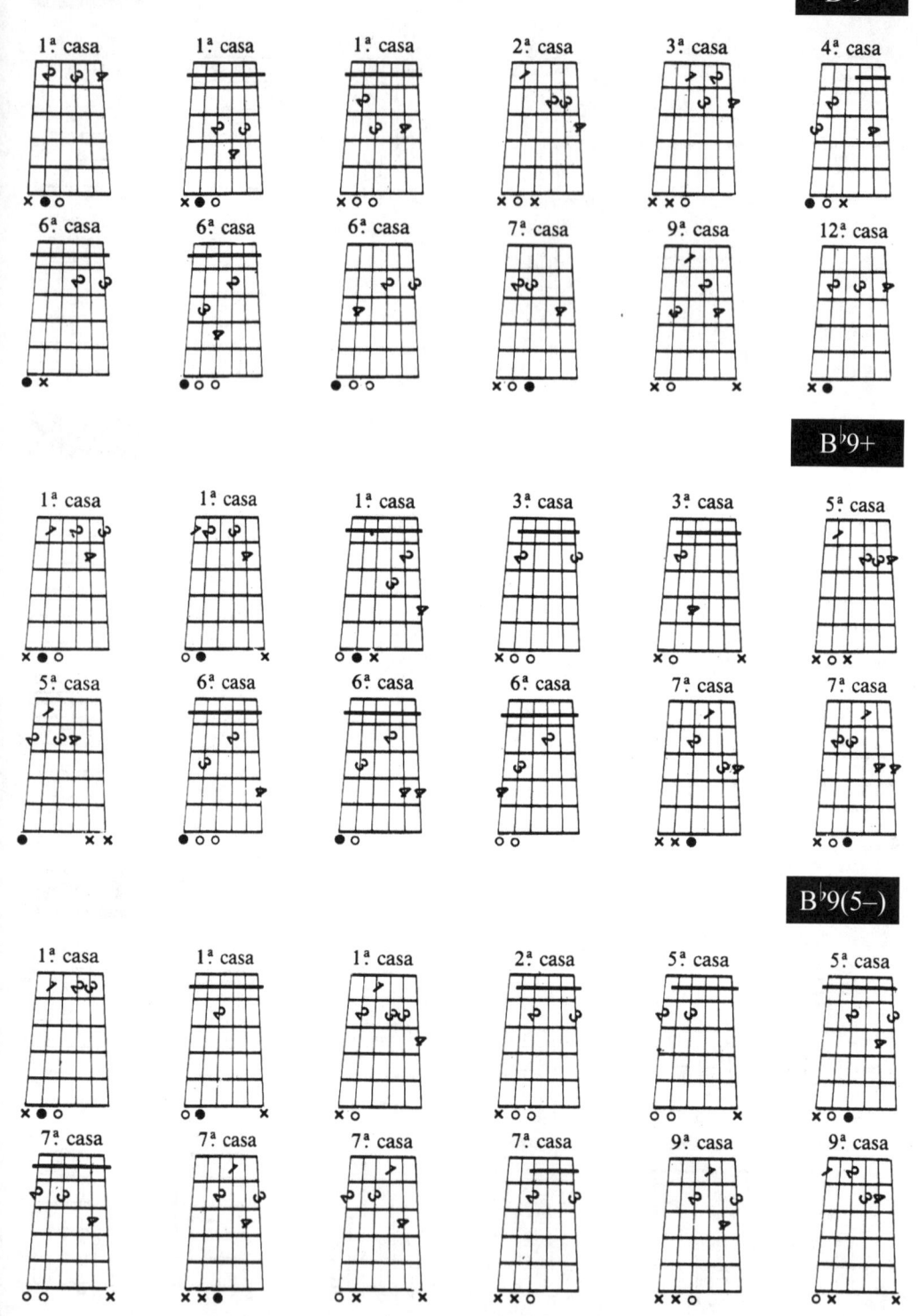

$B\flat 9+$

$B\flat 9(5-)$

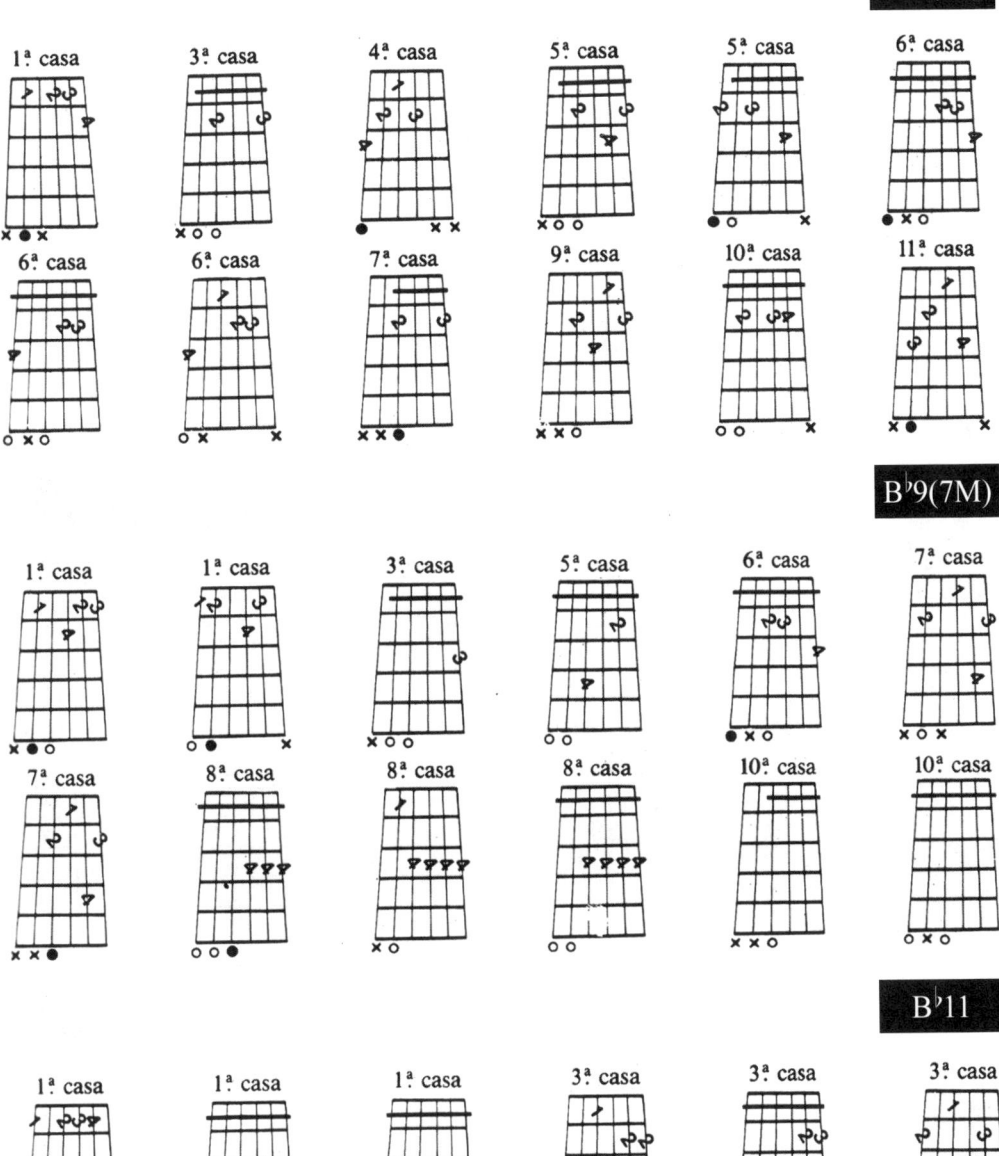

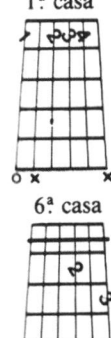

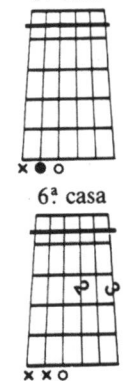

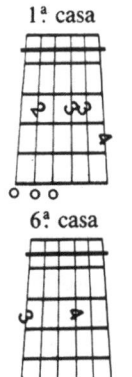

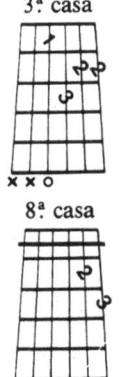

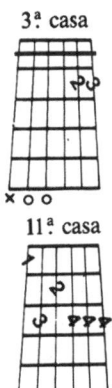

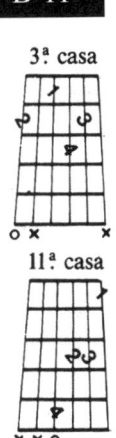

B♭9(5+)

B♭9(7M)

B♭11

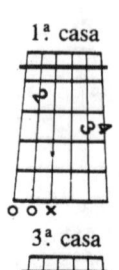

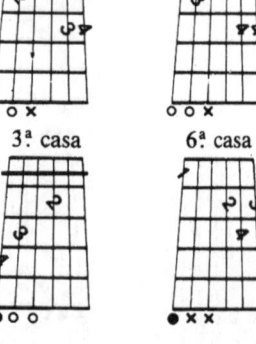

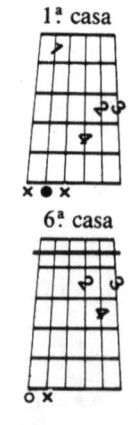

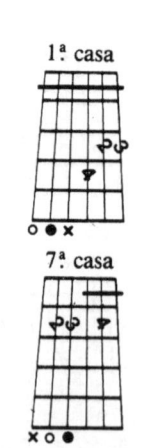

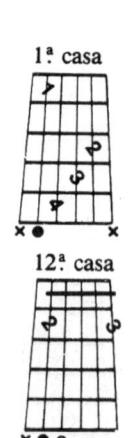

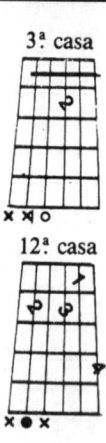

B♭11+

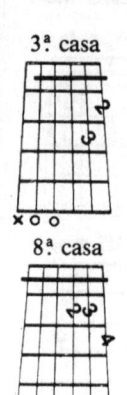

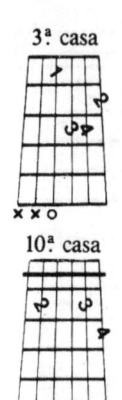

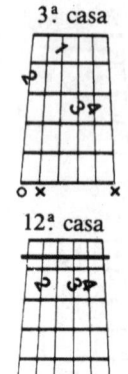

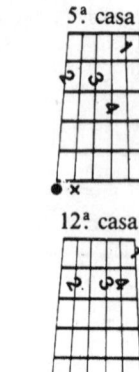

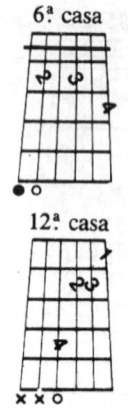

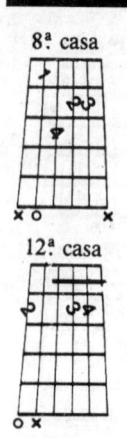

B♭13

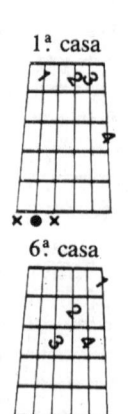

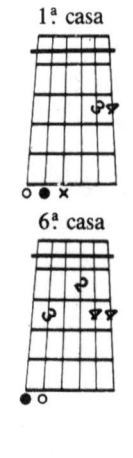

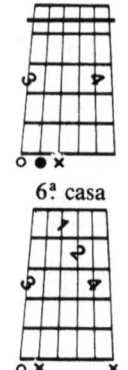

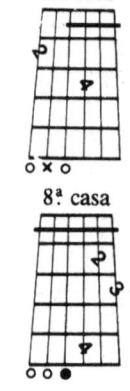

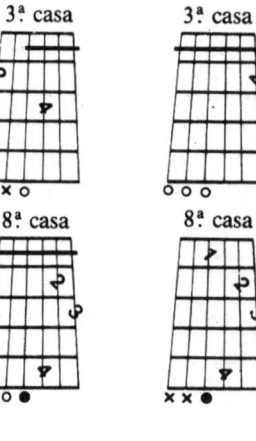

B♭13(9−)

B

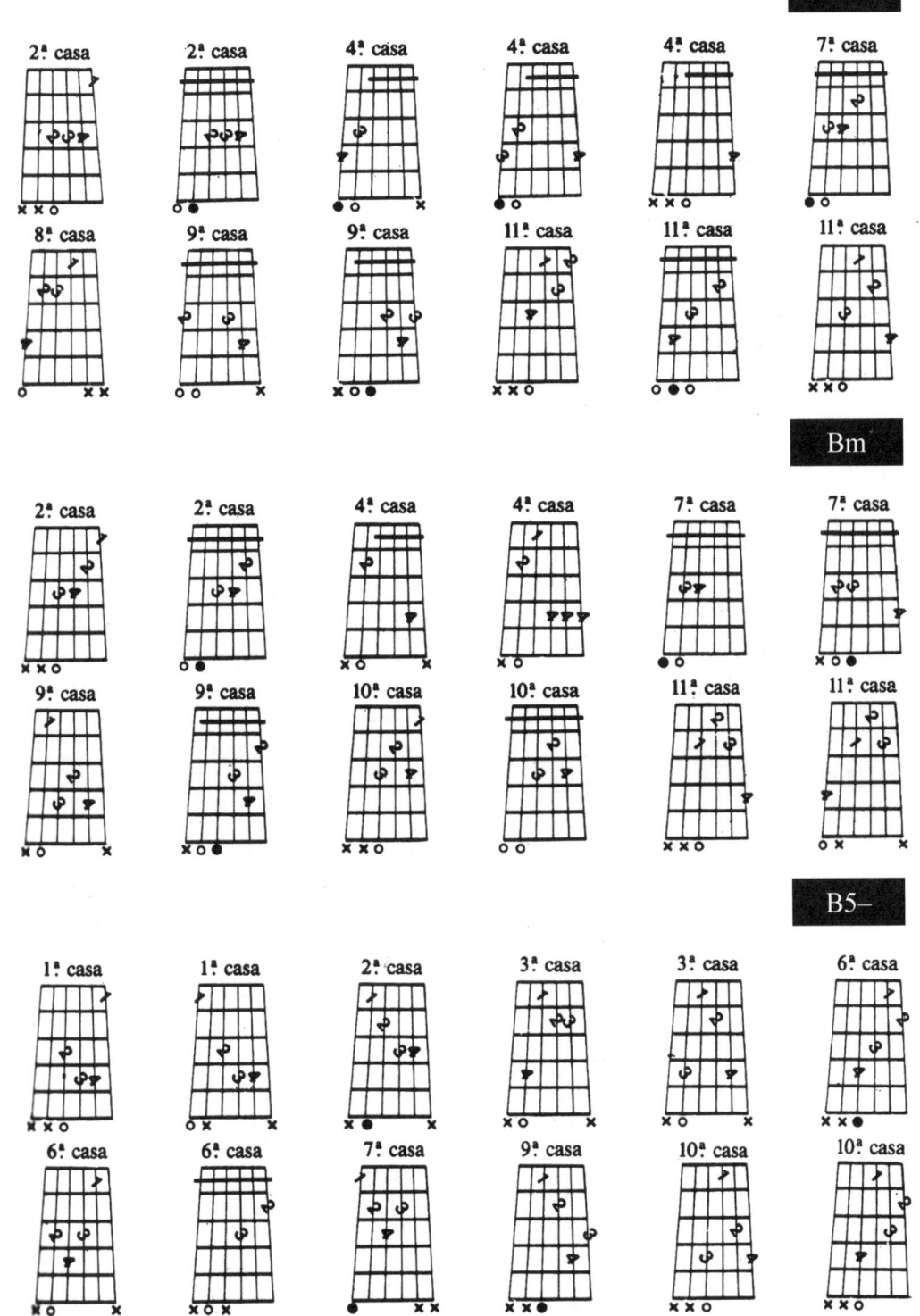

Bm

B5−

B5+

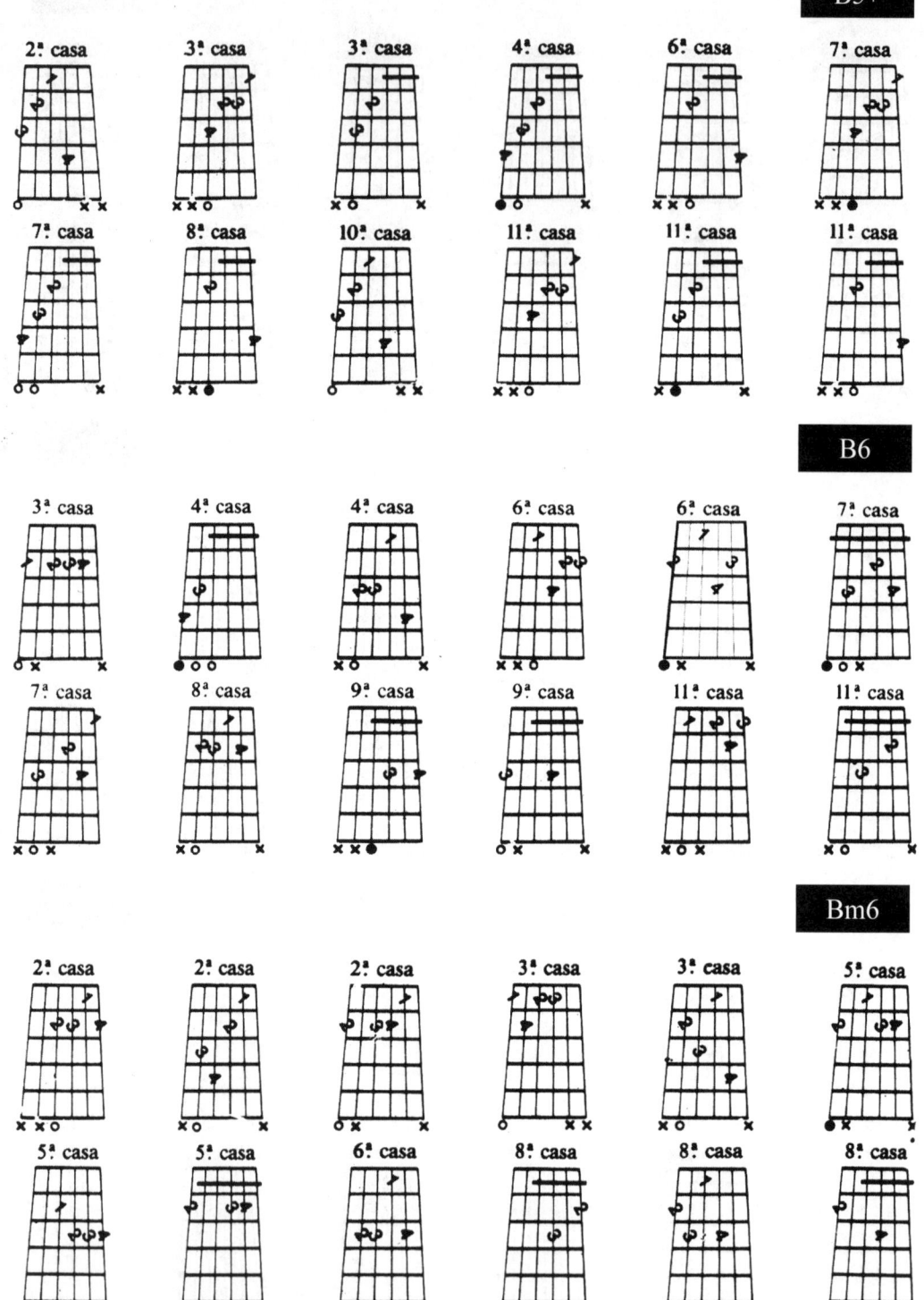

2ª casa	3ª casa	3ª casa	4ª casa	6ª casa	7ª casa
7ª casa	8ª casa	10ª casa	11ª casa	11ª casa	11ª casa

B6

3ª casa	4ª casa	4ª casa	6ª casa	6ª casa	7ª casa
7ª casa	8ª casa	9ª casa	9ª casa	11ª casa	11ª casa

Bm6

2ª casa	2ª casa	2ª casa	3ª casa	3ª casa	5ª casa
5ª casa	5ª casa	6ª casa	8ª casa	8ª casa	8ª casa

B7

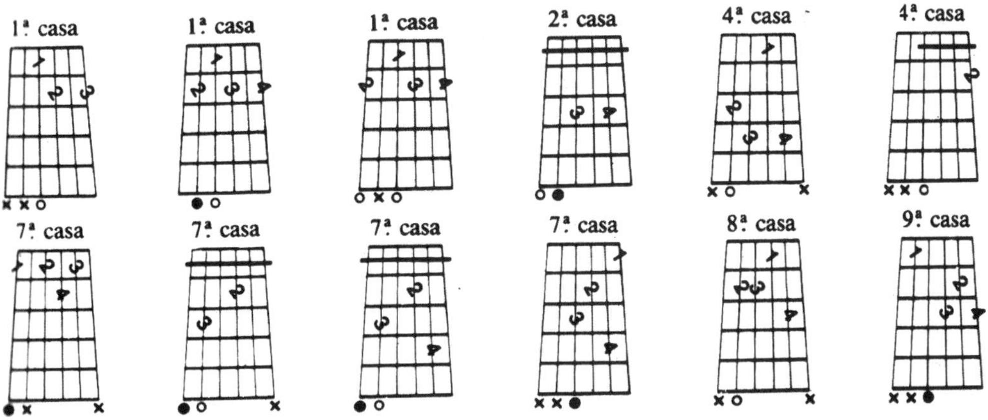
1ª casa
1ª casa
1ª casa
2ª casa
4ª casa
4ª casa
7ª casa
7ª casa
7ª casa
7ª casa
8ª casa
9ª casa

Bm7

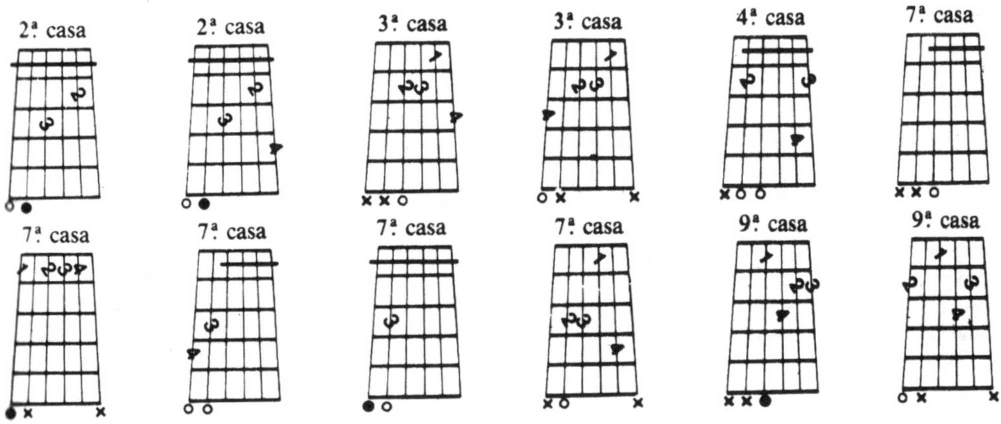
2ª casa
2ª casa
3ª casa
3ª casa
4ª casa
7ª casa
7ª casa
7ª casa
7ª casa
7ª casa
9ª casa
9ª casa

B7M

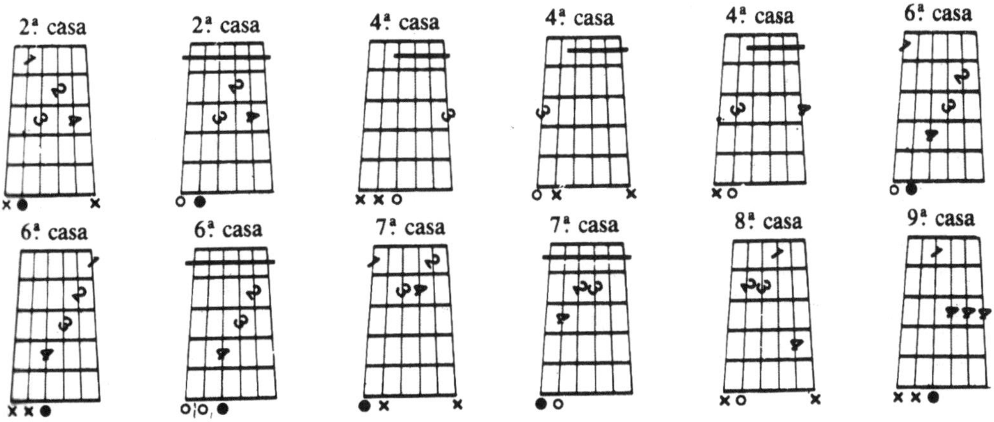
2ª casa
2ª casa
4ª casa
4ª casa
4ª casa
6ª casa
6ª casa
6ª casa
7ª casa
7ª casa
8ª casa
9ª casa

B7º

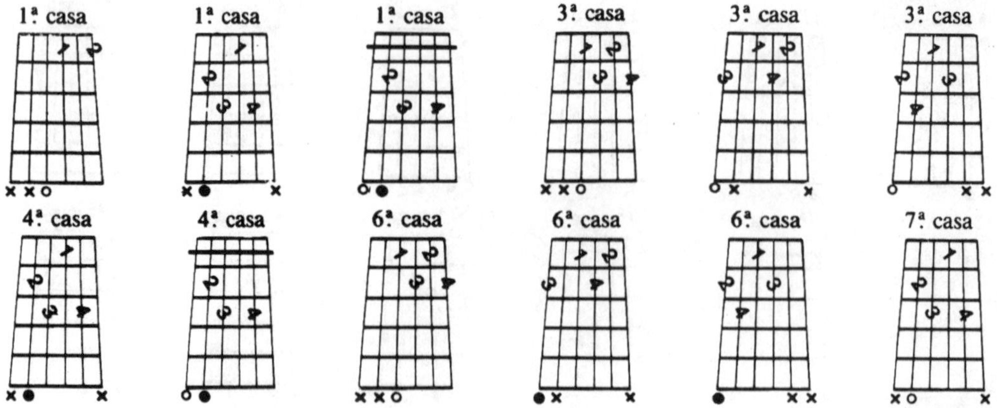
1ª casa
1ª casa
1ª casa
3ª casa
3ª casa
3ª casa
4ª casa
4ª casa
6ª casa
6ª casa
6ª casa
7ª casa

B7(5–)

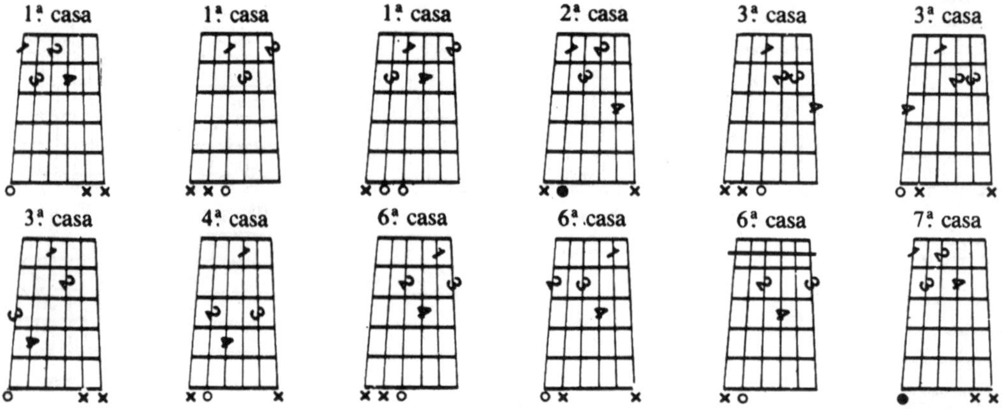
1ª casa
1ª casa
1ª casa
2ª casa
3ª casa
3ª casa
3ª casa
4ª casa
6ª casa
6ª casa
6ª casa
7ª casa

B7(5+)

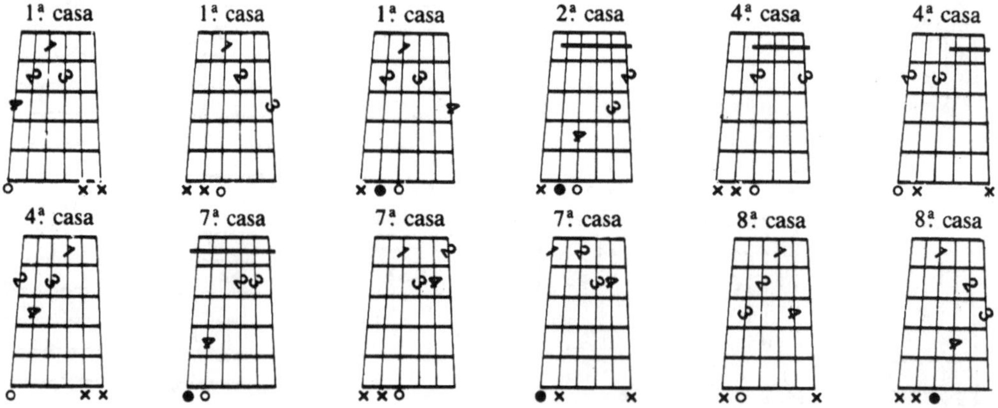
1ª casa
1ª casa
1ª casa
2ª casa
4ª casa
4ª casa
4ª casa
7ª casa
7ª casa
7ª casa
8ª casa
8ª casa

B7(4)

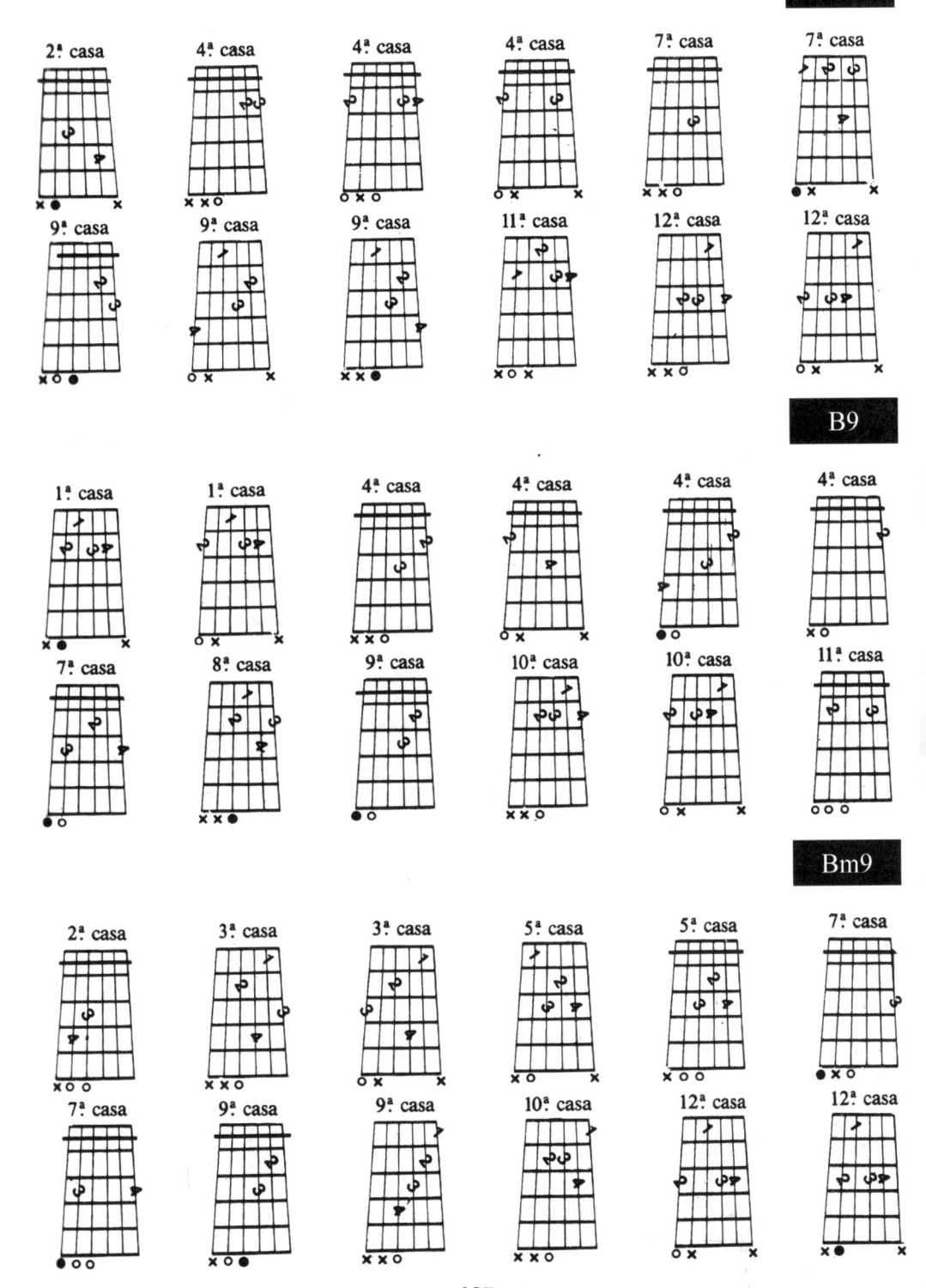

B9

Bm9

B9−

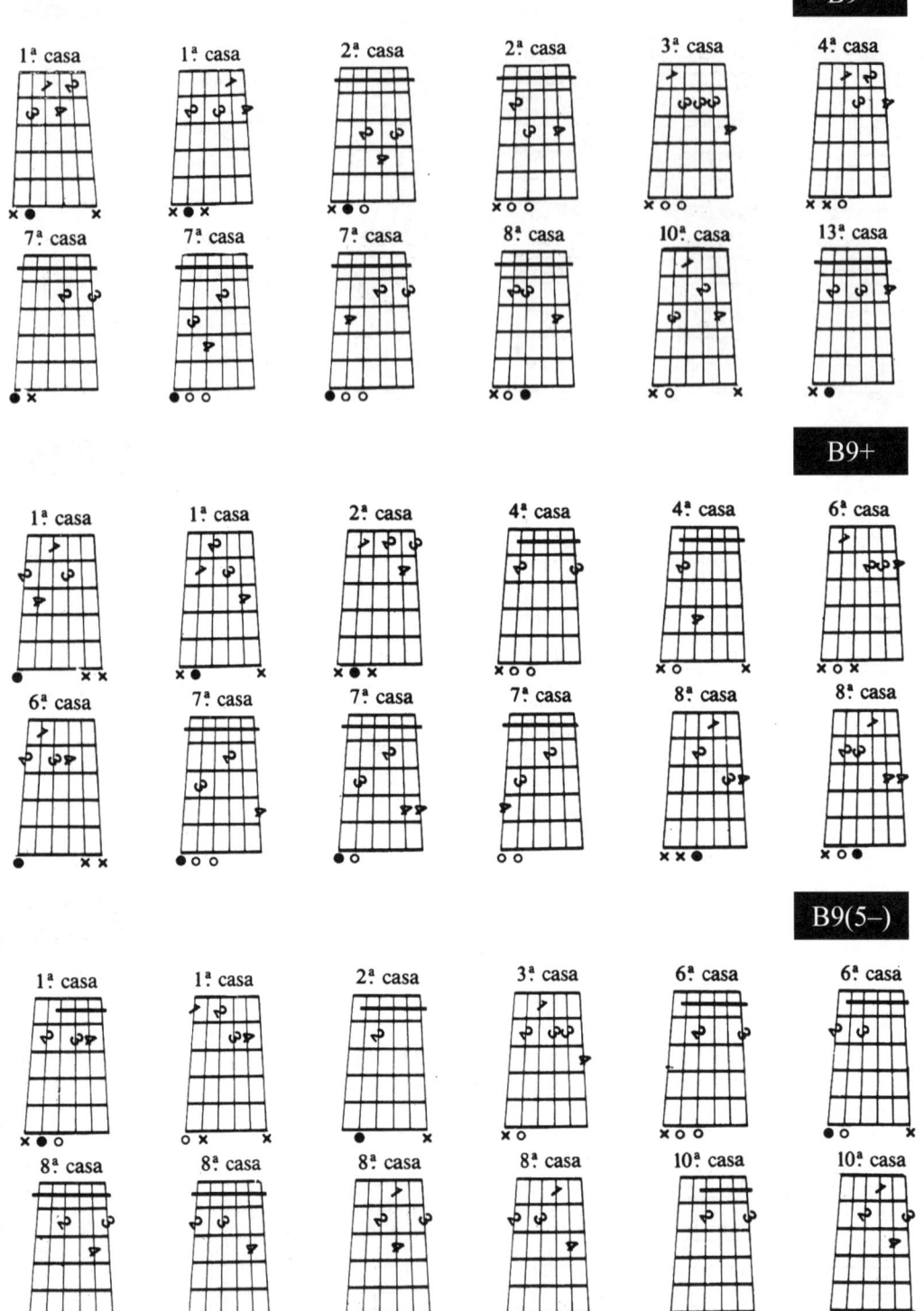

B9+

B9(5−)

B9(5+)

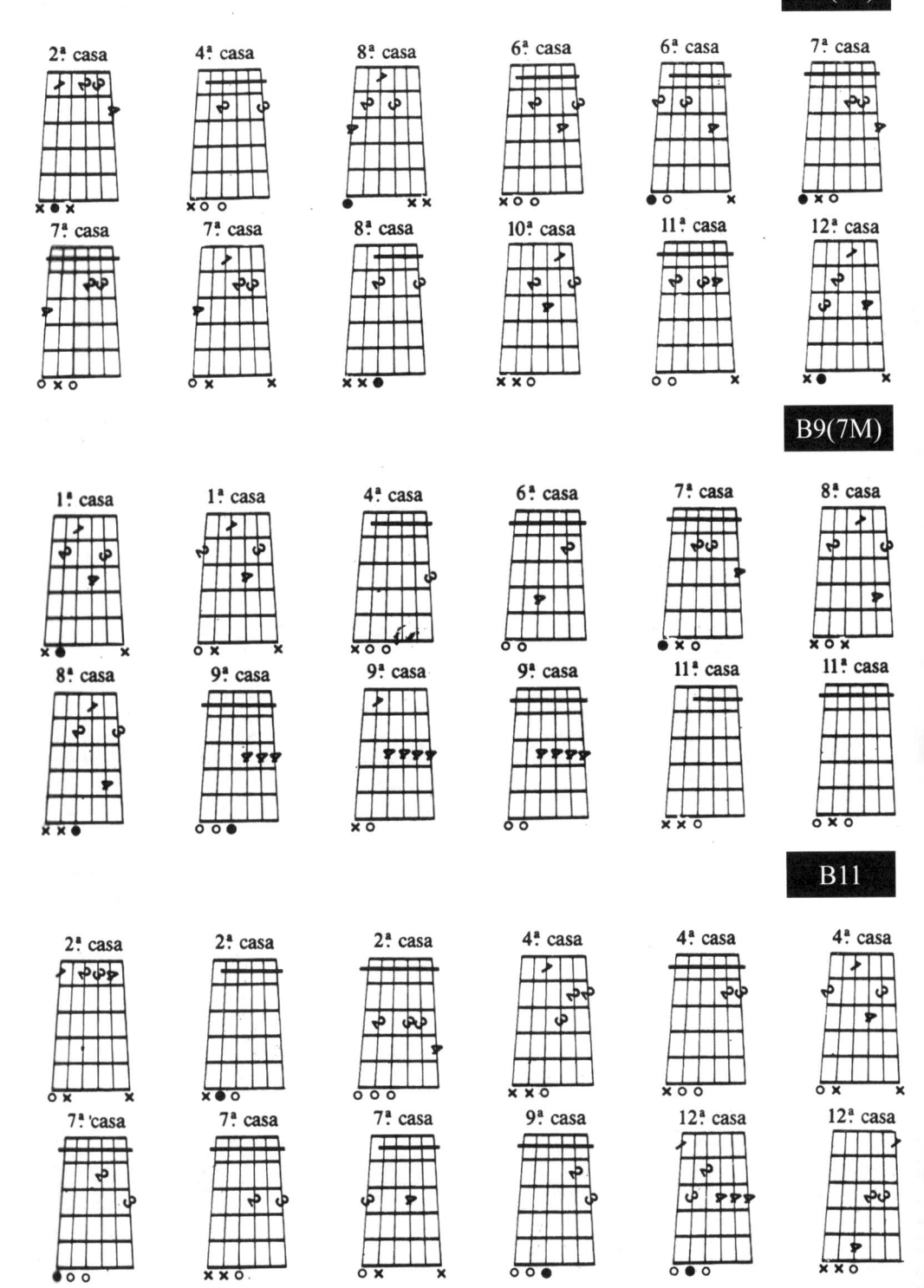

B9(7M)

B11

B11+

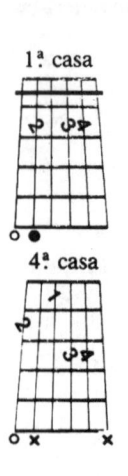

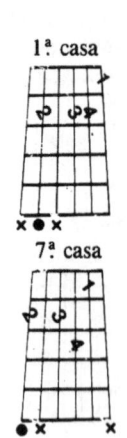

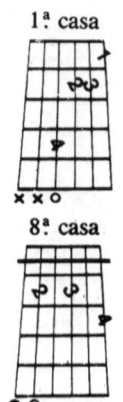

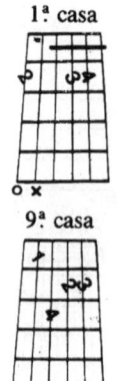

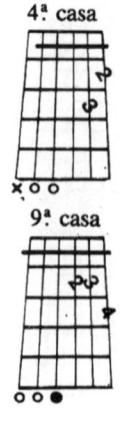

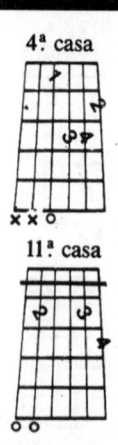

B13

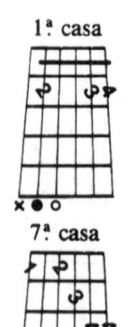

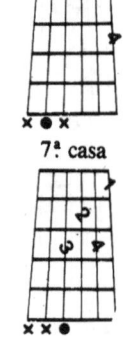

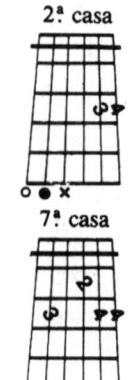

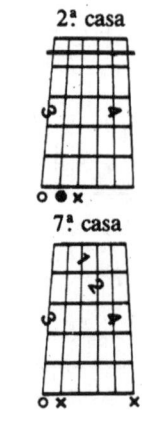

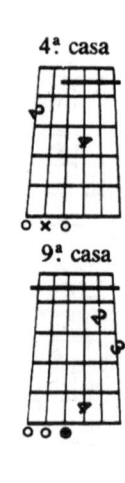

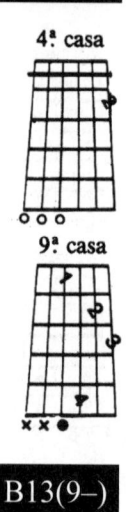

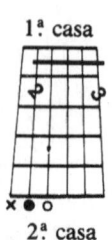

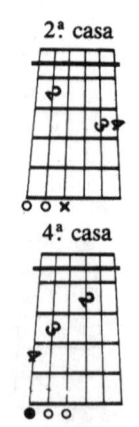

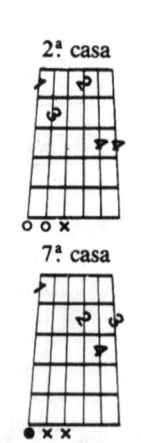

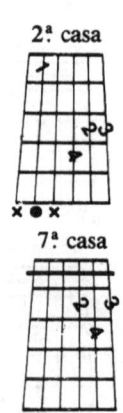

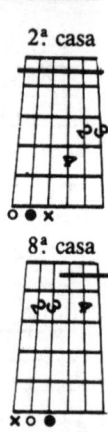

B13(9−)

Indice

15	**C**	*(Dó)*
23	**D♭**	*(Ré bemol)*
31	**D**	*(Ré)*
39	**E♭**	*(Mi bemol)*
47	**E**	*(Mi)*
55	**F**	*(Fá)*
63	**G♭**	*(Sol bemol)*
71	**G**	*(Sol)*
79	**A♭**	*(Lá bemol)*
87	**A**	*(Lá)*
95	**B♭**	*(Si bemol)*
103	**B**	*(Si)*